O VALOR GLOBAL DO PRODUTO LOCAL

A **IDENTIDADE TERRITORIAL** COMO ESTRATÉGIA DE **MARKETING**

Dados Internacionais de Catalogação na Publicação (CIP)
(Jeane Passos de Souza – CRB 8ª/6189)

Ruschel, Rogerio Raupp
   O valor global do produto local: a identidade territorial como estratégia de marketing / Rogerio Raupp Ruschel. – São Paulo : Editora Senac São Paulo, 2019.

   Bibliografia.
   ISBN 978-85-396-2328-0 (impresso/2019)
   eISBN 978-85-396-2329-7 (ePub/2019)
   eISBN 978-85-396-2330-3 (PDF/2019)

   1. Marketing 2. Marketing territorial 3. Marketing – Produtos locais 4. Identidade territorial 5. Territórios : Marketing 6. Certificação : Produtos I. Título. II. Série.

19-931t   CDD – 658.83
                                BISAC BUS043060
                                      BUS043000

Índice para catálogo sistemático:
   1. Marketing – Produtos locais 658.83
   2. Marketing territorial 658.83

O VALOR GLOBAL DO PRODUTO LOCAL

A **IDENTIDADE TERRITORIAL** COMO ESTRATÉGIA DE **MARKETING**

ROGERIO RAUPP RUSCHEL

Editora Senac São Paulo
São Paulo – 2019

ADMINISTRAÇÃO REGIONAL DO SENAC NO ESTADO DE SÃO PAULO
Presidente do Conselho Regional: Abram Szajman
Diretor do Departamento Regional: Luiz Francisco de A. Salgado
Superintendente Universitário e de Desenvolvimento: Luiz Carlos Dourado

EDITORA SENAC SÃO PAULO
Conselho Editorial: Luiz Francisco de A. Salgado
　　　　　　　　　　Luiz Carlos Dourado
　　　　　　　　　　Darcio Sayad Maia
　　　　　　　　　　Lucila Mara Sbrana Sciotti
　　　　　　　　　　Jeane Passos de Souza

Gerente/Publisher: Jeane Passos de Souza (jpassos@sp.senac.br)
Coordenação Editorial/Prospecção: Luís Américo Tousi Botelho (luis.tbotelho@sp.senac.br)
　　　　　　　　　　　　　　　　　Marcia Cavalheiro Rodrigues de Almeida (mcavalhe@sp.senac.br)
Administrativo: João Almeida Santos (joao.santos@sp.senac.br)
Comercial: Marcos Telmo da Costa (mtcosta@sp.senac.br)

Edição e Preparação de Texto: Heloisa Hernandez
Coordenação de Revisão de Texto: Luiza Elena Luchini
Revisão de Texto: Eloiza Mendes Lopes
Projeto Gráfico, Capa e Editoração Eletrônica: Antonio Carlos De Angelis
Imagem da Capa: GettyImages
Impressão e Acabamento: Gráfica CS Eireli

Proibida a reprodução sem autorização expressa.
Todos os direitos reservados à
EDITORA SENAC SÃO PAULO
Rua 24 de Maio, 208 – 3º andar – Centro – CEP 01041-000
Caixa Postal 1120 – CEP 01032-970 – São Paulo – SP
Tel. (11) 2187-4450 – Fax (11) 2187-4486
E-mail: editora@sp.senac.br
Home page: http://www.editorasenacsp.com.br

© Editora Senac São Paulo, 2019

Sumário

Nota do editor, 7
Prefácio – *Flávio Corrêa (Faveco)*, 9
Agradecimentos, 11
Introdução, 13

1. Território e identidade territorial, 17
    O território e suas vertentes, 20
    As muitas facetas da identidade territorial, 30

2. Marketing de produtos locais ou globais, 37
    O que é local?, 37
    O que é marketing?, 44
    Branding e gestão de marketing, 50
    Posicionamento, 56
    Estratégias de comunicação, 61
    Estudos de caso, 64

3. Certificação de produtos e territórios, 71
    Certificações de origem, 71
    História e desenvolvimento das indicações geográficas, 75
    Legislação das certificações no Brasil, 80
    Produtos agrícolas como ativos de patrimônio, 81
    Europa: 1.043 denominações de origem de vinhos, 84
    Brasil: regiões vitivinícolas certificadas, 94

Cultura e patrimônio da vitivinicultura brasileira, 96
Estudos de caso, 98

4. Turismo, identidade e marketing territorial, 105
Os territórios e a competição no mercado, 105
Marketing territorial: muito mais do que atrair turistas, 110
Cinema e marketing territorial, 122
O sabor da identidade comunitária no suvenir gastronômico, 125
Depoimento, 126
Estudos de caso, 127
Entrevistas, 134

Referências, 143

Nota do editor

Nesta publicação, destaca-se a importância da identidade territorial de um produto local – queijo, vinho, café, doce, pão, tecido, etc. –, com valores associados à sua região de origem, e seu potencial para ser comercializado mundo afora.

A fim de estabelecer uma melhor comunicação desses produtos com o público, o autor defende um marketing com base na identidade territorial, que teria como principal vantagem promover um duplo branding, favorecendo tanto o produto em si como as regiões produtoras e sua comunidade local, ampliando a oferta de turismo e dinamizando a cadeia produtiva, gerando uma economia mais sustentável.

Com esta obra, repleta de estudos de caso, depoimentos e entrevistas, o Senac São Paulo tem por objetivo contribuir para que mais gestores, profissionais de turismo e produtores locais possam estabelecer estratégias para realizar suas atividades ou pensar no desenvolvimento socioeconômico de territórios de modo eficaz, a partir de conceitos fundamentais e experiências nacionais e internacionais de quem atua no setor.

PREFÁCIO
O jeito gaúcho de fazer churrasco

Eu sempre achei que, no caso do Brasil, que é o mercado que mais conhecemos, a identidade territorial, de que fala este livro imperdível de Rogerio Ruschel, era e é sumamente importante. Afinal, se o marketing consiste em conhecer o consumidor e lhe atender, nada melhor do que falar da sua origem e valorizar as suas características peculiares, agregando valor ao produto ou serviço que se pretende vender. E como a conquista do consumidor, o verdadeiro senhor do fato econômico, dá-se primeiro pelo coração, nada mais inteligente do que agregar fatores emocionais às mensagens, valorizando, especialmente, as características locais e regionais que mais podem aproximar o consumidor de experimentar o que lhe estamos oferecendo.

Como publicitário, eu sempre advoguei que a comunicação dos produtos nacionais dos nossos clientes deveria ter um sotaque local para envolver e emocionar mais rápida e eficazmente o público-alvo. Somos muitos "brasis" dentro do nosso território de dimensões continentais, com muitas culturas peculiares. Vender salsichas no Norte não é a mesma coisa que vender salsichas em Santa Catarina, cuja forte influência da colonização germânica entronizou o hábito alimentar do "Wurst" desde o princípio.

O grande exemplo atual que reforça a tese do valor da identificação regional é "o jeito gaúcho de fazer churrasco", que invadiu, com sucesso, o mundo inteiro. Encontrei uma churrascaria "gaúcha" em Osaka, fundada há muito anos por um empreendedor nipônico, hoje radicado no Brasil. Por aqui, ele continua no ramo, só que com um restaurante de comida japonesa. A culinária japonesa não é um dos grandes exemplos de sucesso baseado na identificação regional?

Não é por menos que a valorização de sua origem regional faz parte do DNA de produtos como os queijos e os vinhos franceses, das marcas de cosméticos e da moda igualmente caracterizada como gaulesa e do mármore italiano de Carrara, todos alcançando "premium price", etc.

O caso do salmão defumado da Escócia é emblemático. A maior quantidade de salmão defumado da Escócia que comemos por aqui vem do Chile... Por falar em vinho, os americanos estão há anos fazendo um grande esforço para vender seus vinhos da Califórnia como sinônimo de qualidade, e estão progredindo. Mas ainda não chegaram lá, porque lhes falta a tradição e o prestígio dos vinhos franceses, que eleva os preços: recentemente, uma garrafa de Romanée-Conti da safra de 1945 foi leiloada por 598 mil dólares, pela Sotheby's de Londres.

Os meus conterrâneos também estão trabalhando para conferir aos vinhos produzidos na serra gaúcha o *status* de sinônimos de qualidade, e estão fazendo progressos, crescendo no mercado interno e exportando.

Quanto ao turismo, então, não há o que se discutir. É a valorização territorial e, em muitos casos, municipal, que transforma certos locais em destinos preferidos. Veja-se o exemplo de Gramado, no Rio Grande do Sul, hoje visitada por viajantes do mundo inteiro, que lá vão desfrutar das belezas naturais da região e, principalmente, curtir as manifestações da cultura local, sejam artísticas ou gastronômicas, de forte influência alemã.

Por tudo e por todos, vale reforçar a oportunidade de mercado que a identificação territorial, regional e local oferece para se construir marcas (ou *brands*, como preferem os especialistas) fortes, duradouras e de sucesso.

Esta obra do Rogerio Ruschel, com quem tive o prazer de trabalhar por muitos anos na nossa Standard Propaganda, depois Standard, Ogilvy & Mather, sucedida pela Standard Ogilvy e hoje apenas Ogilvy, oferece o mapa da mina e dá dicas importantes.

Aproveitem.

Flavio Corrêa (Faveco)
CEO da Brandmotion – Consultoria de Estratégia Empresarial, Fusões & Aquisições
e presidente da Fundação Cultural Exército Brasileiro (Funceb) e do conselho
consultivo da Associação de Vendas e Marketing de São Paulo (ADVB-SP).

Agradecimentos

Este livro não existiria sem a insistência gentil e dedicada de Sonia da Silva Fonseca, companheira de trabalho e de sonhos, que literalmente não me deixou desistir.

Agradeço a Carlos Fioravanti, que me orientou, ensinou e revisou os originais, e com objetividade e sabedoria fez comentários e críticas que certamente muito melhoraram este livro.

Agradeço ao Flavio Corrêa (Faveco), que foi meu guru na Ogilvy e continua sendo na vida, como jornalista curioso e publicitário vitorioso, que me honra escrevendo o prefácio deste livro.

Agradeço a todos os amigos do Brasil, de Portugal, da Espanha e da Itália que enriqueceram o autor e este livro com seus ensinamentos definitivos, entrevistas, citações ou depoimentos exclusivos, entre os quais Álvaro Cidrais, da Universidade Lusíada de Lisboa e Atelier de Desenvolvimento; Alcides dos Santos Caldas, da Universidade Federal da Bahia; Henrique Soares, da Comissão Vitivinícola Regional da Península de Setúbal (CVRPS) e Associação de Desenvolvimento Regional da Península de Setúbal (Adrepes); Isabel Vaz de Freitas, da Faculdade de Turismo da Universidade Portucalense; Ivane Favero, da Associação Internacional de Enoturismo (Aenotur) e Instituto Brasileiro do Vinho (Ibravin); José Arruda, da Associação dos Municípios Portugueses do Vinho e Associação Iter Vitis Les Chemins de La Vigne en Europe; José Calixto, Rede Europeia de Cidades do Vinho e Agência de Desenvolvimento Regional do Alentejo; José Carlos Santanita, da Wine Senses e Associação dos Escanções de Portugal; José Luis Hernández, da Rede de Pequenas Denominações de Origem (DOs) da Espanha; Juliano Tarabal, da Federação dos Cafeicultores do Cerrado e Fundação de Desenvolvimento do Cerrado Mineiro; Josefina Olívia Salvado, da Universidade do Aveiro; Liana John, da Camirim Editorial e Conexão Planeta; Paolo Benvenuti, da Associação Italiana de Cidades do Vinho (Città del Vino) e Iter Vitis Les Chemins de La Vigne en Europe.

Introdução

A IDENTIDADE TERRITORIAL, UM RECURSO A SER DESCOBERTO

A identidade territorial de um produto ou de um serviço como o turismo é um patrimônio econômico e cultural, empresarial e comunitário muito precioso, embora pouco empregado. Este livro vai justificar por quê, apresentar suas vantagens e desvantagens e mostrar como em muitos lugares do mundo a identidade territorial vem sendo utilizada há séculos como uma poderosa ferramenta que agrega valor a produtos e ao turismo e favorece a construção de mercados.

Como quase todo produto é desenvolvido em relação ao líder daquele segmento, a grande maioria dos produtos e serviços – de automóveis a roupas, de xampus a smartphones – nasce similar e padronizada, em relação ao líder, e a grande maioria deles morrerá ou será sacrificada, ainda similar, algum tempo depois. A partir do "nascimento padronizado", os departamentos de pesquisa & desenvolvimento das empresas vão buscar diferenciais para o produto, e os departamentos de marketing vão tentar construir uma identidade própria e exclusiva para ele. Com muito investimento em insumos, tecnologia, matérias-primas ou no processo produtivo, um fabricante conseguirá diferenciar seu produto de outros similares que estão na prateleira ao lado.

O branding é um processo muito caro, cíclico e permanentemente repetitivo, porque, assim que um produto apresenta uma inovação, será imediatamente produzido em grande volume por seu fabricante, gerando um novo produto padronizado e global, que imediatamente será copiado pelos concorrentes. Essa é a lógica do mercado em um contexto global, e poucos produtos conseguem fugir dessa *síndrome de falta de identidade*.

A maioria dos gestores de marketing, especialistas em branding e publicitários estão envolvidos nessas tarefas convencionais em empresas que se regem pela cartilha do global e, por causa disso, poucos percebem a riqueza potencial que está por trás de um produto que tenha identidade territorial, relacionada a uma origem, um local.

Um negócio de bilhões

Recentemente, em negociação com o Mercosul sobre a possibilidade de se estabelecer uma zona de livre-comércio entre os blocos, a União Europeia divulgou uma lista com mais de trezentas indicações geográficas de uso exclusivo, abrangendo termos como prosecco, parmesão e gorgonzola. Por conta disso, todos os países do Mercosul não poderiam comercializar produtos próprios utilizando essas especificações, tendo de modificar o nome em seus rótulos, embalagens, propagandas e cardápio (NAKAGAWA, 2017).

Os europeus não aceitam o uso dessas denominações por outros países, porque os fabricantes dos produtos originais investiram tempo, dinheiro e paciência para construir sua identidade própria, exclusiva, ligada ao território e à comunidade onde foram produzidos, e que é conhecida e respeitada em todo o mundo, até mesmo por não consumidores desses produtos. Na verdade, muitos desses fabricantes vêm investindo na construção da identidade territorial de alguns produtos há mais de cinco séculos, caso de alguns dos principais queijos franceses, como o roquefort.

Mas nem seria necessário entrar em uma lista proibida da União Europeia para entender que identidade vale dinheiro. Bastaria refletir: o que um uísque da Escócia tem que outros uísques não têm? Por que os vinhos da Borgonha são mais caros do que os vinhos de outras regiões da França e de outros países? Por que o Pata Negra é considerado o melhor presunto do mundo? E por que o mármore de Carrara custa mais do que os outros?

A identidade territorial é um elemento poderoso na construção da imagem de uma marca, com profundas bases psicológicas.

OS BENEFÍCIOS DE PRODUTOS COM IDENTIDADE TERRITORIAL

Ao contrário de produtos planejadamente globais, que não são de lugar nenhum porque querem ser de todos os lugares, um produto com identidade territorial pode agregar lembranças emocionais positivas para o consumidor e permitir um posicionamento exclusivo, profundo e duradouro. Mas, além desses, ainda existem outros elementos que agregam valor ou complementam uma estratégia de branding com identidade territorial, como o ciclo virtuoso, a sustentabilidade e o duplo branding.

A associação de um produto ou serviço a uma identidade territorial pode ser feita por *indicação geográfica* (exemplos: o café do Cerrado Mineiro, do Brasil, ou o mármore de Carrara, da Itália), por *metodologia de produção* (exemplos: os produtos têxteis de algodão natural colorido da Paraíba, do Brasil, ou do vinho de talha, de Portugal) ou por *matéria-prima* (exemplos: o presunto Pata Negra, da Espanha, ou o própolis vermelho dos manguezais de Alagoas, do Brasil). Assim, além de diferenciar, qualificar e proteger os produtos, a identidade territorial agrega valor cultural, econômico, político e social a esses produtos e serviços.

Reforçando a imagem de qualidade do produto, a identidade territorial também ajuda a valorizar o território onde ele é produzido, atraindo turistas e investidores. E a imagem positiva do território, por sua vez, valoriza os produtos e serviços que tenham sido criados lá, estabelecendo um ciclo virtuoso para a região e para a comunidade.

Uma atividade sustentável

Além de agregar valor ao produto ou serviço, a quem o produz e ao território, uma estratégia de marketing que valorize a identidade territorial de um produto é um mecanismo que promove o desenvolvimento sustentável de base local. Isso porque a produção ou a oferta mobiliza cadeias produtivas locais, gerando emprego e renda para moradores, atraindo talentos e oportunidades de negócios para empreendedores, empresas e para o poder público do território.

O duplo branding

Outro benefício exclusivo de um produto com identidade territorial é que ele pode oferecer benefícios de escopo global e local e, com isso, a rara oportunidade de se fazer duplo branding, conceito que desenvolvi após estudar identidade territorial e conversar com muitos especialistas no tema.

Gestores de marcas de produtos com identidade territorial podem usar de maneira inteligente os diferenciais do produto em si (ao mostrar seus benefícios e desempenho tão bons quanto de seus similares globais – se existirem, é claro), **somados** aos benefícios de pertencimento comunitário ao território do qual procedem – e que são exclusivos. Quer dizer, o produto está capacitado a competir com os estrangeiros globais e ainda tem uma vantagem: é feito aqui, é do local, é de casa.

Esse raciocínio pode ser muito poderoso em determinados ambientes de mercado onde a comunidade anseia por autoestima – por exemplo, foi estrategicamente fundamental na recuperação do Japão no pós-guerra – ou em mercados com altos níveis de protecionismo comercial real ou emocional, presentes atualmente no mundo inteiro.

Assim, investir no valor da identidade territorial de um produto ou serviço e fazer branding utilizando seus benefícios é definitivamente **inovador** e **desafiador**.

Espero que este livro ajude você a dar o primeiro passo, entendendo a identidade territorial como um recurso valioso e estratégico para construir a imagem de uma marca.

Boa leitura!

1. Território e identidade territorial

Os conceitos de *território* e *identidade territorial* trabalhados nesta publicação são aqueles relacionados aos aspectos de uma região onde se produz determinado produto de consumo ou serviço turístico, e as características intrínsecas deste produto ou serviço, por ser daquela região. Assim, o foco deste livro é a valorização de produtos e serviços produzidos localmente, como diferencial de marketing, e os benefícios que a associação com sua identidade local pode oferecer. Mas, antes de mais nada, vamos repassar alguns conceitos fundamentais.

Espaço geográfico, *território* e *identidade territorial* são objetos de estudo de áreas do conhecimento como geografia, antropologia, sociologia, etnografia, paleontologia e outros ramos de estudo do ser humano e sua convivência com o mundo.

O **espaço geográfico** é definido como o espaço físico inserido na interface "litosfera-hidrosfera-atmosfera" do planeta, elementos que formam a biosfera. O espaço geográfico é, portanto, habitado por seres vivos, e transformado pelas atividades humanas. Ele se difere do espaço natural, por este último não sofrer diretamente as consequências das práticas econômicas, sociais, culturais e cotidianas presentes nas sociedades – por isso denominado *natural*.

O **território** é o espaço geográfico com governança, construído com base em relações de hierarquia de usos, cultura e poder de decisão. O primeiro nível de conceituação de território é factual: território é um espaço geográfico delimitado pela habitação de uma pessoa ou grupo de pessoas, de uma organização ou de uma comunidade, ou pela posse ou uso de um animal de propriedade dessas pessoas ou comunidades.

As sociedades de agricultores *Homo sapiens* – mesmo antes da Revolução Agrícola – investiam na produção planejada de milho, arroz, trigo e animais domesticados e, para evitar ataques de outros grupos vizinhos ou de animais, protegiam sua atividade com cercas e vigilância, estabelecendo um território permanente.

Outro contexto mostra que o território percebido geograficamente não precisa de cercas: os índios norte-americanos consideravam como seu território as pradarias, onde viviam bisões, bovinos selvagens sem dono. Onde eles fossem, esse era o território da tribo. Sabemos que esse exemplo se repete para a grande maioria das comunidades indígenas, em todas as partes do mundo.

Mas o conceito de território vai além da percepção mensurável e geográfica, porque as relações entre as pessoas e seu ambiente também se realizam em dimensões espirituais e simbólicas. Assim, por exemplo, os lugares relatados no Evangelho católico pelos quais Jesus Cristo teria passado podem não ser locais completamente identificados em termos de latitude e longitude, mas, certamente, mesmo que descritos como "na região de..." ou "na estrada de...", transformam-se em territórios com uma dimensão simbólica e sagrada que vai além das coordenadas geográficas.

Em algumas comunidades, certas árvores ou animais, raios ou eventos naturais, o fogo ou a água, ou fatos e coisas inexplicáveis que acontecem ao seu redor eram considerados como magia ou obra de espíritos, passando a ser elementos sagrados – e seu entorno passava a ser considerado um território da comunidade, e sagrado.

Já a **identidade territorial** é o conjunto de características e elementos tangíveis e intangíveis de uma pessoa, produto ou serviço que o associa a determinado território e o diferencia de outros similares. Esse diferencial pode ser mais ou menos perceptível e mais ou menos importante como agregador de valor, de tal maneira que em um ambiente de disputa de posições no mercado pode ser utilizado de maneira competitiva como parte de um posicionamento diferenciado ou exclusivo.

A percepção dessa identidade, no entanto, é individual. Um exemplo simplório: em um grupo de pessoas que não se conhecem, o grupo precisa de alguém para cuidar da carne do churrasco. Você convidaria para essa tarefa uma pessoa com sotaque nordestino ou alguém com sotaque gaúcho?

Essa relação territorial pode ocorrer com produtos e serviços e gerar uma espécie de "confiança inicial" no consumidor em relação a eles, vantagem que pode ser utilizada por gestores de branding. Por exemplo, um bobó de camarão de Salvador deve ser melhor do que um bobó encontrado nas ruas de Osasco, não? O pão de queijo de Belo Horizonte provavelmente será melhor do que um similar produzido em Jurerê, assim como o pastel de nata de Lisboa deve ser mais saboroso do que um similar de Praga.

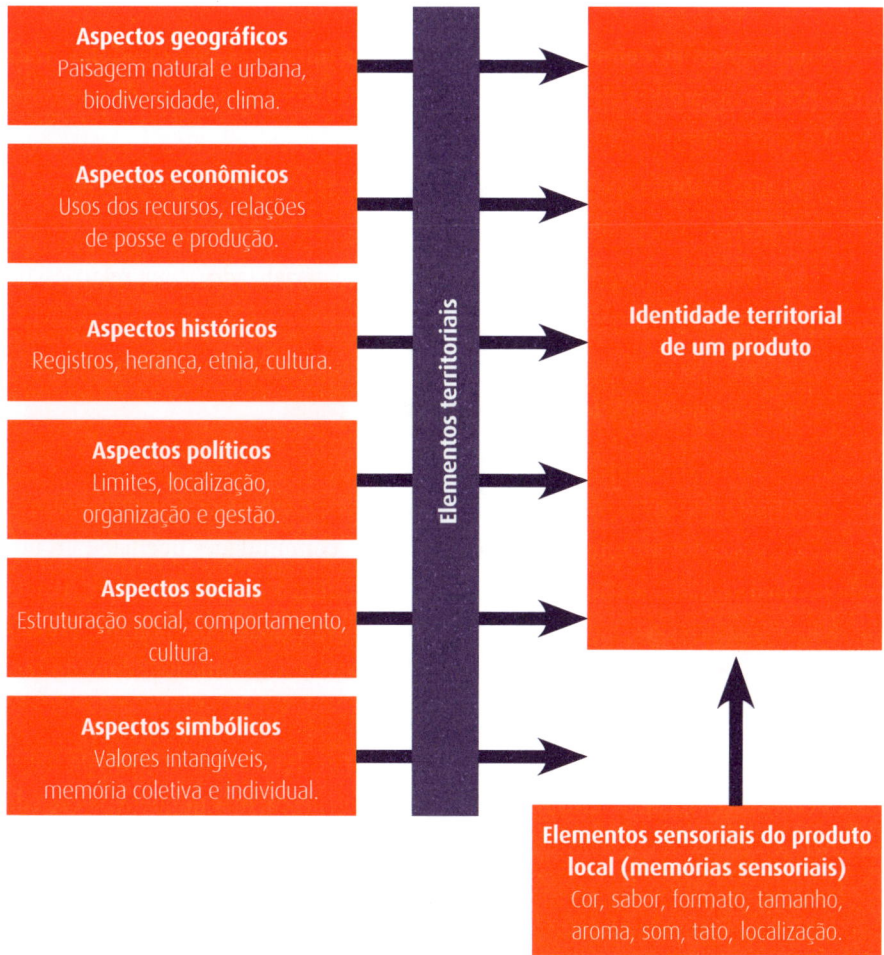

Figura 1. **Elementos que compõem a identidade territorial de um produto**

O TERRITÓRIO E SUAS VERTENTES

Aspectos políticos, econômicos e culturais

Considerando as definições estabelecidas por diferentes pesquisadores, reunidas pelo geógrafo brasileiro Rogerio Haesbaert (1999), o conceito de território inclui três vertentes:

» **jurídico-política** – o território é um espaço de relações de controle social e de exercício de poder;

» **econômica** – o território é um espaço materializado, com relações de capital-trabalho;

» **cultural** – o território é um espaço de relações simbólicas, de apropriação do imaginário e de uma identidade socioespacial.

A presença humana, isolada ou em comunidades, em determinado território geográfico – como em uma aldeia isolada ou em comunidades que habitam um vale ou uma região com limites geográficos ou políticos – determina a existência de diferentes tipos de relações e interações entre as pessoas e o ambiente. E essas relações influenciam o comportamento das pessoas e o desenvolvimento do território em si.

Por exemplo: comunidades rurais ribeirinhas no interior da Amazônia habitualmente vivem da agricultura de subsistência e da pesca, mas também da caça de animais silvestres, o que não seria aceitável (por ser ilegal) em uma comunidade da Grande São Paulo. As relações dos habitantes desses lugares com o ambiente são jurídica, econômica e culturalmente diferentes de outras – e aceitas. Isso também é bastante claro em comunidades indígenas de qualquer parte do mundo, do Polo Norte às montanhas do Peru, das savanas africanas aos territórios das nações apaches, porque o território influencia a cultura.

Outro exemplo: a percepção de valor cultural e material do território por comunidades religiosas, como os quakers, determina relações econômicas completamente diferenciadas do convencional, porque eles se recusam a utilizar tecnologias modernas de agricultura e estilo de vida e convivem de maneira até ingênua em uma comunidade globalizada altamente competitiva.

Mais exemplos podem incluir relações de trabalho baseadas no controle social e no exercício de poder, não só em territórios que promovem trabalho similar à escravidão (que é ilegal) mas também onde ocorre exploração da ignorância do povo por parte de alguns políticos.

O território sem fronteiras: a marca territorial de dois países no Minho

Em 2005, 21 municípios de dois países – Portugal e Espanha – com três idiomas (português, espanhol e galego), banhados pelo rio Minho, associaram-se para fazer a gestão de problemas administrativos comuns e promover o desenvolvimento de seus territórios. O primeiro projeto de valorização do turismo no território foi desenvolvido em 2016 na forma de uma candidatura conjunta a fundos comunitários de 7,5 milhões de euros para investir nas potencialidades regionais e na criação de uma marca turística transfronteiriça, a Uniminho. Cerca de 3 milhões de euros já foram utilizados para isso em 2017.

O Uniminho – Vale do Minho Transfronteiriço insere-se na eurorregião norte de Portugal e Espanha e compreende 21 municípios com cerca de 200 mil habitantes: Melgaço, Monção, Paredes de Coura, Valença e Vila Nova de Cerveira, que integram a Comunidade Intermunicipal do Vale do Minho e Arbo, em Portugal, e A Cañiza, O Covelo, Crecente, A Guarda, As Neves, Mondariz, Mondariz Balneario, Oia, Ponteareas, O Porriño, O Rosal, Salcedas de Caselas, Salvaterra do Miño, Tomiño e Tui, da Diputación Provincial de Pontevedra, na Espanha.

Os municípios participantes encaminharam ao Interreg V – Programa de Cooperação Territorial, integrante do Programa de Cooperação Transfronteiriça Interreg V-A Espanha-Portugal (Poctep) 2014-2020, da União Europeia, a intenção de realizar projetos de valorização turística nos programas Visit Rio Minho e Smart Minho até o fim do ano de 2020 "na preservação e valorização do rio Minho transfronteiriço, como destino ecoturístico de excelência", conforme consta no site institucional do Uniminho. A candidatura se assenta no conceito de dois países e um destino.

Segundo os dirigentes, a cooperação transfronteiriça nesse território é uma condição natural para o seu desenvolvimento socioeconômico e um dos pilares do seu posicionamento estratégico. A candidatura resultou do trabalho desenvolvido no âmbito do Pacto do Rio Minho Transfronteiriço com foco no desenvolvimento sustentável do território que abrange comunidades ligadas por um rio e por histórias, culturas e natureza semelhantes – embora com idiomas diferentes: na região fala-se português, espanhol e galego. (UNIMINHO, 2006)

Aspecto comercial

Do ponto de vista comercial – e também de marketing –, território é um conceito importante, ligado fundamentalmente à origem de um produto, sob a forma de uma indicação geográfica (IG).

Segundo o Ministério da Agricultura, Pecuária e Abastecimento (Mapa), a indicação geográfica é o termo geral de identificação de um produto/serviço relacionado a um determinado local (território); dependendo de suas características técnicas (especialmente maior ou menor dependência de exclusividades de insumos do território), pode ser uma denominação de origem ou uma indicação de procedência. Como pode-se notar, a qualificação do território é a base para qualificar a identidade de um produto ou serviço.

Esse conceito comercial de indicação geográfica, a ser respeitado pelas nações em relação a um território, foi sacramentado pelo Acordo sobre Aspectos dos Direitos de Propriedade Intelectual relacionados com o Comércio (o Acordo Trips), parte do Acordo de Marraqueche, no âmbito da Organização Mundial do Comércio (OMC), em vigor desde 1995, do qual o Brasil é signatário. Segundo esse Acordo, indicações geográficas são "indicações que identifiquem um produto como originário do território de um Membro, ou região ou localidade deste território, quando determinada qualidade, reputação ou outra característica do produto seja essencialmente atribuída à sua origem geográfica" (BRASIL, 1994, art. 22).

A legislação e seus significados jurídicos e comerciais serão avaliados em detalhe no capítulo 3, sobre a certificação de territórios.

Feiras comerciais, os territórios expandidos

Feiras são a oportunidade para pequenas comunidades levarem os valores do seu território a qualquer lugar do mundo, oferecendo seus produtos ou serviços com identidade territorial, sem ter de investir cifras enormes em promoção e marketing.

Quando a capacidade de produção de determinada comunidade ultrapassou a capacidade da própria comunidade em consumir os bens produzidos, surgiu a necessidade de vender o produto para além do território de produção, e assim nascia o comércio.

Inicialmente baseado no escambo, que é a troca de produtos sem existência de moeda de troca, o comércio foi se expandindo. Mas logo se percebeu que ficava difícil um produtor que criava patos, tapetes ou camelos viajar para outro território para trocá-los por trigo, roupas ou calçados. Na prática, além de ser complexo, por exemplo, levar vinte camelos para trocá-los por tapetes, o que se poderia fazer se ninguém tivesse interesse em camelos e eles tivessem de ser trazidos de volta? Além disso, os animais podiam morrer e grãos podiam estragar ao longo do caminho.

E assim surgiu a necessidade da criação de uma forma mais universal de pagamento, a moeda, que representava valores combinados em cada transação. A moeda resolvia tudo isso e ainda permitia acumular riqueza sem ter de fazer montanhas de camelos ou tapetes.

Mas, com a evolução do comércio, outras questões apareceram: como levar os meus produtos e serviços do meu território para um potencial comprador, em outro território longínquo, já que o comprador queria vê-lo, tocá-lo, cheirá-lo, prová-lo antes de comprar? Essa foi a origem das feiras, que começaram na praça central do território e foram avançando até se tornarem hoje verdadeiros centros comerciais que viajam.

As feiras modernas são uma das mais eficientes formas de promoção comercial que uma empresa pode utilizar para vender seus produtos e serviços no mercado nacional e internacional. As feiras permitem apresentar os produtos de uma empresa especificamente para pessoas que têm interesse potencial nesse tipo de produto, na forma de segmentação, por exemplo, máquinas de cozinha, artigos para jardinagem, tecidos para confecção, serviços de turismo. As feiras permitem que o vendedor leve e apresente sua empresa nos territórios que lhe interessam, como o Leste Europeu, os países emissores de turistas da América Latina, as regiões com grande concentração de atividades culinárias, e assim por diante.

Em termos comerciais e práticos, as feiras proporcionam condições de negociação imediata dos produtos e serviços expostos, porque o comprador pode tocá-los, medi-los, cheirá-los e até degustá-los. E como houve um contato humano, é possível, participando de uma feira, criar um intercâmbio comercial permanente com compradores.

Mas as feiras oferecem outra vantagem competitiva: elas são, na verdade, territórios expandidos, inseridos em outros territórios. Assim, por meio das feiras, um país, uma região, um grupo de municípios ou um território pode mostrar ao mundo, em termos políticos e de imagem, o grau, a variedade e as características de sua produção agrícola e industrial e ainda demonstrar o desenvolvimento de sua estrutura econômica e financeira na exposição de bens de consumo e de capital.

Pequenos expositores podem atuar em bloco, dentro de um estande comum, sempre delimitado pelo território físico. Dessa maneira, uma pequena comunidade de um país menos desenvolvido pode oferecer seu produto ou serviços de alta qualidade, sem ter de investir cifras enormes em promoção e marketing.

Benefícios oferecidos por feiras, os territórios expandidos

» Apresentar os valores culturais, sociais e ambientais do seu território.
» Conhecer novos possíveis clientes, expandindo a base de contatos.
» Fechar novos negócios e aproximar-se de clientes já existentes.
» Conhecer as novidades do seu segmento e de outros territórios.
» Conhecer parceiros potenciais para o seu negócio.
» Difundir a sua marca.
» Acompanhar as novidades dos seus concorrentes.
» Ver a reação de maneira direta e pessoal sobre seu produto e território.
» Testar abordagens e estratégias de vendas.

Patrimônio territorial

Em 2005, o Ministério do Desenvolvimento Agrário do Brasil (substituído em 2016 pela Secretaria Especial de Agricultura Familiar e do Desenvolvimento Agrário da Casa Civil da Presidência da República – Sead) conceituou território como:

> [...] um espaço físico, geograficamente definido, geralmente contínuo, compreendendo a cidade e o campo, caracterizado por critérios multidimensionais – tais como o ambiente, a economia, a sociedade, a cultura, a política e as instituições –, e uma população com grupos sociais relativamente distintos, que se relacionam interna e externamente por meio de processos específicos, onde se pode distinguir um ou mais elementos que indicam identidade e coesão social, cultural e territorial. (BRASIL, 2003)

O patrimônio territorial é o conjunto dos recursos tangíveis e intangíveis de um território. Por exemplo, qual é o patrimônio do território coletivo denominado "o mar dos brasileiros"? Nosso mar territorial inclui uma Zona Econômica Exclusiva (ZEE) de 3,6 milhões de km² e, em um litoral de mais de 7,5 mil km, vivem cerca de 50 milhões de brasileiros. Mas o patrimônio desse mar para os brasileiros é muito maior do que essas características físicas do território. Esse patrimônio se revela em várias dimensões que se complementam, como a econômica (portos, energias, mineração, petróleo, energia, biotecnologia, pesca, aquicultura, indústria naval, turismo, etc.), a social (como entretenimento, lazer, gastronomia, religiosidade, etc.), a cultural (que se expressa na música, artes, poesia, folclore, danças, etc.), a ambiental, a estratégica e a de esportes (RUSCHEL; BEIRÃO; MARQUES, 2018).

Essa conceituação coincide com a percepção das diferentes dimensões do patrimônio territorial, que podem ser esquematizadas conforme veremos a seguir.

Dimensões do patrimônio territorial

» **Produtiva** – recursos financeiros, terras, plantios, maquinaria, equipamentos, infraestruturas.

» **Natural** – paisagens, solo, minerais, fauna, flora, água, ambiente natural, acidentes geográficos.

» **Humana e intelectual** – o saber fazer, qualificação, capacitação, conhecimento, experiências, criatividade.

» **Cultural** – valores e códigos de conduta, ética, patrimônio histórico e cultural, cultura empresarial, acervo cultural comunitário.

» **Social** – valores compartilhados comunitariamente, redes sociais estabelecidas formais e informais, associativismo, estrutura social e familiar, herança social comunitária.

» **Institucional** – institucionalidades públicas e privadas de perfil social, político ou corporativo.

A memória cultural de uma comunidade e sua identidade local

A herança cultural é um elemento-chave da gestão do território, do desenvolvimento de dinâmicas de valor local e proporcionador e impulsionador da relação de quem reside com quem visita. É um recurso imprescindível no desenvolvimento do turismo e da economia dos lugares. Nesse contexto de herança cultural, a história e o patrimônio unem-se à exploração de territórios, natureza e espaço agrícola, com usos e tradições seculares, que foram criando testemunhos materiais e imateriais que hoje atestam as vivências das paisagens e das suas populações.

As diferentes camadas culturais temporais acumuladas sobre um lugar permitiram construir identidades, tornando os espaços diversos, diferentes, distintos espíritos que conferem alma diferenciada aos vizinhos. Cada lugar tem a sua vivência, a sua experiência, a sua história para contar. E é nessa autenticidade que deve evoluir no decorrer de novas camadas construídas por novas gerações no futuro. É o movimento cultural do homem que garante a força identitária dos lugares-cultura e lugares-natureza.

A conservação da paisagem rural como foco emergente de uma renovada economia nos meios rurais é uma oportunidade para conciliar os valores patrimoniais e as estratégias ambientais, bem como desenvolver a economia dos lugares e, consequentemente, o turismo. Acresce e suporta a conservação da paisagem, a documentação guardada nos arquivos locais ou centrais, as memórias das gentes que vivem e viveram nos lugares e os vestígios resilientes ao tempo que nos permitem acompanhar os valores simbólicos da identidade.

Esses testemunhos documentais, materiais e imateriais, devem ser procurados para garantir a salvaguarda dos valores patrimoniais dos lugares. E sabemos que o patrimônio, como memória, não é um objeto, mas sim a significação simbólica de pessoas que habitaram em um espaço e em um tempo. A salvaguarda dessa herança cultural e a preservação da memória cultural de uma comunidade é essencial para o desenvolvimento de uma identidade local, de um perfil regional promotor da diversidade e da atratividade movida pela diversidade e de atividades econômicas sustentáveis.

Hoje, é conhecido que as paisagens culturais fazem crescer a demanda turística e a visita a um nível local e internacional. A história e a memória assumem, nesse contexto, papel fundamental. Cultura e identidade não são apenas sociais mas também, profundamente, espaciais. São expressões dinâmicas de interação entre os ambientes culturais e naturais.

Depoimento de Isabel Vaz de Freitas, diretora do Departamento de Turismo, Patrimônio e Cultura da Universidade Portucalense, Porto, Portugal e acadêmica correspondente da Academia Portuguesa da História, feito exclusivamente ao autor.

1. Território e identidade territorial

Territórios que são Patrimônio da Humanidade

Patrimônios da Humanidade são regiões, monumentos ou áreas (denominadas "sítios"), ou modos de fazer, tecnologias sociais, produções culturais ou heranças comunitárias consideradas de "excepcional valor universal", de acordo com a Convenção sobre a Proteção do Patrimônio Mundial Cultural e Natural. Pesquisas e documentos sobre bens patrimoniais que os Estados-membros da Convenção gostariam de ver protegidos são preparados e apresentados anualmente ao Comitê do Patrimônio Mundial, vinculado à Unesco (Organização das Nações Unidas para a Educação, a Ciência e a Cultura), que pode ou não os reconhecer como Patrimônios da Humanidade.

Um Patrimônio da Humanidade pode ser um único monumento, uma construção ou o conjunto arquitetônico delimitado em uma cidade, vila ou região; pode ser uma única caverna, um vale ou um território inteiro, em razão de seu valor histórico, arqueológico, natural, ambiental ou paisagístico, ou um conjunto desses fatores. Também podem ser considerados Patrimônios da Humanidade heranças culturais significativas, como cantos, danças, produção artística manual, folclore, manifestações e rituais originais. Esses bens, tangíveis ou intangíveis, quando aprovados por uma Comissão da Unesco, passam a fazer parte da Lista do Patrimônio Mundial; em novembro de 2017, a lista incluía 1.073 locais, reconhecidos em várias categorias, distribuídos em 167 países (Unesco, ca. 2017).

» Territórios da cultura do vinho

Todos esses patrimônios refletem a cultura e a identidade de uma comunidade, da mesma forma que produtos com identidade territorial, como alimentos. Tomemos o vinho, por exemplo, classificado como um alimento por muitas comunidades e tipicamente considerado como um produto com profunda identidade territorial. A cultura do vinho, praticada há cerca de 8 mil anos, além da importância econômica e social, tem alta relevância por causa dos patrimônios histórico, artístico, paisagístico, social e arquitetônico específicos das comunidades produtoras – e esse conjunto de elementos ajuda a construir a identidade exclusiva de cada comunidade.

O valor desses patrimônios é incalculável, razão pela qual muitas dessas comunidades do entorno da cultura do vinho já conquistaram o reconhecimento como Patrimônio Cultural da Humanidade pela Unesco, para que sejam valorizadas e preservadas.

Ao fazer um recorte relacionando patrimônios da cultura do vinho inseridos na listagem de 1.073 bens reconhecidos pela Unesco, poderemos encontrar cerca de trinta bens materiais e imateriais, alguns deles destacados na lista seguinte, com as datas de seu reconhecimento pela Unesco.

Quadro 1. **O vinho como Patrimônio da Humanidade**

Patrimônios materiais da cultura do vinho	Centro histórico da cidade do Porto, Portugal (1999)
	Paisagem cultural de Wachau, Áustria (2000)
	Vale do Loire entre Sully-sur-Loire e Chalonnes, França (2000)
	Paisagem da cultura da vinha da Ilha do Pico, Portugal (2001)
	Paisagem histórica cultural da região vinícola de Tokaj, Hungria (2002)
	Vale do Reno, Alemanha (2002)
	Jurisdição de Saint-Emilion, França (2002)
	Região vinícola de Mittelrhein, Alemanha (2002)
	Região vinícola do Alto Douro, Portugal (2004)
	Vinhedos de terraços de Lavaux, Suíça (2007)
	Porto da Lua e centro histórico de Bordeaux, França (2007)
	Planície de Stari Grad, Croácia (2008)
	Vinhedos, colinas e propriedades vinícolas de Champagne, França (2015)
	Climats e terroirs da Borgonha, França (2015)
	Paisagem vinícola do Piemonte, Itália (2014)
	Palestina: terra de oliveiras e videiras, paisagem cultural do sul de Jerusalém, Israel (2014)
	Áreas protegidas da região de Cape Floral, África do Sul (2004)
Patrimônios imateriais da cultura do vinho	Prática agrícola tradicional "vite ad alberello", Ilha Pantelleria, Itália
	Método de vinificação ancestral "qvevri", Georgia
	Iter Vitis – Associação Europeia para a Promoção dos Territórios Vitivinícolas

Fonte: Unesco (ca. 2017).

1. Território e identidade territorial

Benefícios do reconhecimento como Patrimônio da Humanidade

E quais seriam os benefícios de um sítio tombado como Patrimônio da Humanidade? Um estudo realizado pela PwC (2007) elencou potenciais benefícios econômicos e sociais para os territórios do Reino Unido reconhecidos como patrimônios mundiais.

Resumidamente, do ponto de vista econômico, ser um local reconhecido como Patrimônio da Humanidade pela Unesco abre portas para parcerias com outras organizações que possam fornecer financiamento e apoio, além de ser uma ferramenta útil na promoção do turismo. Assim, estar na lista da Unesco é como ter uma estrela extra na classificação do guia turístico.

Os benefícios não econômicos dos bens tombados pela Unesco também podem ser substanciais, começando com benefícios de conservação, regeneração e educação – que é o principal objetivo de muitos dos programas –, além de gerar orgulho cívico e capital social na forma de "unidade social e coesão", todos benefícios mais difíceis de medir, mas muito importantes.

O turismo é uma ferramenta muito importante para ajudar a preservar esses patrimônios (UNWTO, 2018), mas, como nem todas as pessoas têm a oportunidade de visitá-los, é necessário documentar de maneira formal e acessível os territórios e as paisagens dessas comunidades. Assim, o enoturismo – o turismo relacionado ao vinho – une-se ao turismo cultural e ao turismo de natureza, oferecendo inúmeras possibilidades de fazer marketing territorial aliado ao marketing dos produtos com identidade territorial.

Territórios onde nem o céu é o limite

Um território pode ser muito mais amplo do que sua extensão física (territorial e aquática), expandindo-se para o alto, para o céu, muito além da biosfera, as camadas terrestres onde existe vida no planeta Terra. Os Starlight Tourist Destinations são um exemplo.

Os Starlight Tourist Destinations são territórios com condições superiores para o exercício do turismo astronômico realizado com base na apreciação do céu, por causa da ausência de nuvens, da escuridão e da transparência, elementos perfeitos para observar as estrelas, em locais onde a poluição luminosa é controlada. Isso os torna destinos adequados como parte de experiências vivenciais e turísticas de valorização do território expandido e do mundo natural.

O sistema de certificação turística Starlight foi criado pela The Starlight Foundation e pela Organização Mundial do Turismo para promover a proteção do céu noturno e a melhoria da qualidade das experiências turísticas.

Para obter esse certificado, um destino turístico Starlight não deve apenas provar a qualidade e a limpeza de seu ar e dos meios para garantir sua proteção, mas também deve ter infraestrutura turística apropriada (acomodação, meios de observação disponíveis aos visitantes, pessoal treinado para interpretação astronômica, etc.) e promover a integração na natureza noturna.

E o que esse tipo de observação turística tem a ver com o conceito de produto de território? Tudo! O Dark Sky Alqueva, em Reguengos de Monsaraz, no Alentejo, Portugal, por exemplo, foi o primeiro sítio de turismo astronômico do mundo certificado como Starlight Tourist Destination. A área total ocupa cerca de 10 mil km² de área ao redor do lago Alqueva e ele foi desenvolvido por várias instituições portuguesas de turismo, desenvolvimento regional e meio ambiente.

O Dark Sky Alqueva tem diferentes telescópios e binóculos para que o turista pesquise, identifique e acompanhe seus astros prediletos com a ajuda de guias especializados. O centro de recepção aos visitantes tem uma livraria especializada, salas de aula, cafeteria, museu, lojinha e outros serviços.

Para valorizar os produtos e os serviços do território alentejano celeste, o local estabeleceu convênios com hotéis que oferecem serviços especializados, como refeições tarde da noite e empresas que oferecem atividades de animação turística, como observação noturna da avifauna, passeios noturnos a cavalo, canoagem noturna no rio Ardila ou no lago Alqueva – o maior lago artificial da Europa. Também é possível alugar barcos para passeios e realizar workshops de fotografia astronômica e noturna.

AS MUITAS FACETAS DA IDENTIDADE TERRITORIAL

Uma identidade territorial se expressa primeiramente pelo espaço geográfico do território ocupado, mas também pelo espaço simbólico do território. Um exemplo bem contemporâneo é o navio-escola Sagres, operado pela Marinha de Portugal. Construído na Alemanha em 1937, além de formar sargentos, oficiais, aspirantes e marinheiros portugueses, funciona como um espaço de promoção da cultura do país e um símbolo nacional, que há mais de 53 anos leva a bandeira de Portugal pelo mundo, sendo motivo de orgulho dos portugueses. Trata-se de um veleiro tido como um dos mais belos navios do mundo, que, ao singrar os mares e atracar em outro país, tem *status* de território português, com todos os direitos de uma Embaixada ou Consulado. Aliás, o Sagres foi uma Embaixada itinerante de Portugal durante os Jogos Olímpicos do Rio de Janeiro, em 2016, quando recebeu cerca de 4 mil visitas diárias (ARAÚJO, 2016).

Outras percepções que retratam a dimensão da identidade territorial serão apresentadas a seguir.

Sicília, a identidade expressa no território

Os sicilianos têm sua identidade centrada fortemente no território que ocupam. A Sicília, uma ilha no sul da Itália separada do continente europeu pelo estreito de Messina, um pequeno canal por onde a humanidade trafegou por milhares de anos e que teria sido palco de cenas de mitos gregos como o da Odisseia, tem como elemento estruturante da identidade de seus habitantes o mar.

Embora seja a região menos favorecida economicamente da Itália, a Sicília é conhecida no mundo todo pela herança histórica e arquitetônica das civilizações que durante séculos invadiram a ilha, como fenícios, gregos, romanos, vândalos, bizantinos, árabes, normandos, catalães e espanhóis. A riqueza cultural da Sicília é tão surpreendente que lá existem mais monumentos da Grécia Antiga do que na própria Grécia; lá está também a casa romana mais bem conservada do mundo, em Piazza Armerina, e o grandioso Vale dos Templos, em Agrigento, com inúmeros edifícios tombados como Patrimônio Histórico da Humanidade pela Unesco.

A culinária, o folclore, as artes, a música, a literatura e o comportamento dos sicilianos foi moldado ao longo dos séculos por todos esses povos, de tal maneira que, além do idioma oficial italiano, na ilha fala-se cotidianamente o siciliano (uma língua românica considerada independente do italiano), dialetos galo-itálicos e até mesmo o grego.

Pois foi nessa terra amada e odiada por tantos povos que se desenvolveu a máfia, ou Cosa Nostra, que, além de ser um tipo de crime organizado que atua em vários campos ilegais, também (ainda) exerce funções soberanas sobre um território específico, substituindo a autoridade pública. Alguns estudiosos veem a máfia como profundamente enraizada na cultura popular, como sinônimo de um "estilo de vida" ligado a uma cultura territorial exclusiva dos que participam desse estilo de vida. A Operação Mãos Limpas, coordenada pelo procurador da República Antonio Di Pietro, quase acabou com a máfia no fim dos anos 1990, mas ela ainda persiste, especialmente em pequenas comunidades sicilianas e de outros pontos da Itália.

Para muitos sicilianos, ser mafioso significa ter orgulho, honra ou até mesmo responsabilidade social em relação às pessoas (especialmente famílias) e ao território – é uma atitude, não uma organização. Em 1925, o ex-primeiro-ministro italiano Vittorio Emanuele Orlando reportou ao Senado italiano que se sentia orgulhoso de ser um mafioso, uma vez que essa palavra significava honorável, nobre, generoso. Na verdade, essas diferentes percepções de valor relacionadas à identidade de uma comunidade, fora ou mesmo dentro do mesmo país, como no exemplo da Sicília × Itália ou Sicília × outros países, ocorrem com muita frequência (EX-CHEFE..., 2012).

Catalunha, uma identidade sem território

Na Espanha, a questão do território e da identidade da Catalunha já se transformou em um problema bastante delicado, tendendo ao beligerante, com consequências que podem atingir todo o continente europeu.

A Constituição de 1978 da Espanha, em seu artigo 2º, reconhece e garante o direito à autonomia das nacionalidades e regiões que compõem o Estado espanhol, organizado em dezessete comunidades autônomas e duas cidades autônomas. Autonomia política não significa independência nem ruptura, mas pelo menos três delas (Catalunha, País Basco e Comunidade Valenciana) são regiões (espaços geográficos) que procuram estabelecer sua identidade com base em uma reorganização política (a independência) que permita a criação definitiva de seu território. O atual caso da Catalunha é apenas a ponta de um *iceberg* que pode pressionar não só a Espanha mas outros países europeus.

Os catalães alicerçam sua identidade fortemente no idioma, que é mantido e ensinado nas famílias e escolas e oficial em determinados ambientes. Ele é representação da identidade, ao lado de uma bandeira não oficial.

Falar catalão ou pensar como um catalão gera outro problema para a Catalunha em sua busca por um território: é que a identidade baseada no idioma é maior do que a área geográfica que poderia ocupar atualmente na Espanha, porque muitos catalães nasceram e/ou moram na França e vivem como catalães. Aliás, era na "França catalã" que um dos grandes catalães da história, o genial pintor Salvador Dalí, mantinha um de seus estúdios ou relaxava de suas extravagâncias.

Talian, um idioma que é o próprio território

Na Catalunha, uma comunidade com sua identidade preservada por séculos procura por um território – e entre os costumes preservados está um idioma diferente daquele praticado no país ao qual politicamente pertencem, o espanhol, da Espanha.

Na Sicília, o território é o eixo da identidade de uma comunidade com origens diversas ao longo dos séculos e que mantém sua identidade baseada em valores, como família, comunidade e propriedade, tão fortes que ultrapassam os limites da legalidade; o idioma oficial é o italiano, e poucos falam um dialeto original.

No Brasil, uma comunidade que tem em comum apenas um idioma não tem sua identidade territorial, porque sequer tem seu próprio território. Essa comunidade tem como eixo o idioma talian, e reúne cerca de 500 mil pessoas que atualmente residem em cerca de 133 municípios, de quatro estados do país (BOLSON, 2014).

O talian é um idioma derivado da fusão de dialetos que eram falados no século XIX em diversas regiões da Itália, como o vêneto, o trentino e o toscano, com o idioma português, o espanhol e até mesmo expressões indígenas do Brasil. Quando os imigrantes italianos começaram a chegar ao Brasil, em 1875, muitos dialetos eram falados em todo o país.

Em alguns locais do Brasil, o dialeto trazido acabou se sobrepondo aos demais, como ocorreu com a comunidade de pomerânios, em Santa Catarina, onde o dialeto trentino conseguiu se manter e é falado em ambiente familiar ainda hoje. Já na região serrana do Rio Grande do Sul, o que se disseminou foi o uso do vêneto, considerado a principal raiz do talian pelos especialistas. O vêneto que se manteve na serra gaúcha é arcaico quando comparado ao vêneto falado atualmente na Itália, pois é semelhante ao que era usado no século XIX. E é resistente, porque, mesmo com a campanha de nacionalização de Getúlio Vargas, em 1930, e com a

Segunda Guerra Mundial, em 1945 – quando o idioma italiano foi proibido no Brasil –, o dialeto foi mantido nas comunidades.

A preservação desses dialetos tem explicações históricas, entre as quais o fato de que, nas primeiras décadas de imigração, havia grande resistência da comunidade italiana a se misturar com os brasileiros. O isolamento é outra razão. No sul do Brasil, muitas colônias italianas eram situadas em regiões isoladas ou relativamente independentes da população brasileira, o que permitiu a manutenção dos dialetos por gerações, mesmo que eles tenham absorvido diversas influências da língua portuguesa.

Embora espalhado pelo Brasil, o talian ocupa e mantém territórios. O talian atualmente é falado por cerca de 500 mil pessoas em 133 municípios brasileiros, é reconhecido como referência cultural brasileira pelo Ministério da Cultura (MinC) e tombado como patrimônio cultural pelos estados do Rio Grande do Sul e Santa Catarina. Nos municípios gaúchos Serafina Corrêa, Flores da Cunha e Paraí e no municipio catarinense Nova Erechim, o talian é uma língua oficial, ao lado do português (BOLSON, 2014).

Muitos pesquisadores italianos e brasileiros estudam o idioma, suas origens e a contribuição para a identidade de várias comunidades. Em Garibaldi, no Rio Grande do Sul, são realizados cursos para que o idioma não se perca. Ivane Fávero, ex-Secretária de Cultura e Turismo do município, resumiu assim a importância do idioma: "Manter o talian vivo representa uma riqueza imaterial na preservação da cultura, e a importância de sua influência na gastronomia, arquitetura, festas e nos valores da região" (RUSCHEL, 2015d).

Diversos livros já foram publicados no idioma talian e existem dicionários que associam os três idiomas – português, italiano e talian. Mais de trinta estações de rádio transmitem horas de sua programação em talian em vários municípios dos estados do Rio Grande do Sul, Santa Catarina, Espírito Santo, Paraná e Minas Gerais, e desde 2013 existe uma revista nesse idioma, a *Brasil Talian*. Há também o site Brasil Talian, que oferece cursos, difunde músicas no idioma, divulga os programas de rádio e realiza há quase trinta anos o Encontro Nacional dos Difusores do Talian.

Assim, fica uma questão: em termos de marketing, se quisermos posicionar um produto para pessoas que têm como um dos seus valores a herança italiana, seria razoável desenvolver uma campanha segmentada desenvolvida no idioma talian?

Quilombola, um território que recupera uma identidade

A escravidão negra no Brasil foi iniciada em 1530, com a necessidade de mão de obra para as grandes propriedades monoculturais. E foi abolida somente em 1888, perdurando por mais de três séculos.

Em 1583, o Brasil tinha uma população total de cerca de 57.000 habitantes e, desse total, 25.000 eram brancos; 18.000, índios; e 14.000, negros (IBGE, 2000, p. 221). Em 1818, quando a população era de 3.870.000 habitantes, 1.930.000 deles eram escravos. E em 1867 os escravos representavam 14,17% do total – sendo 1.400.000 contra 9.880.000 homens livres (TRECCANI, 2006).

Os escravos vieram principalmente de aldeias e regiões da Costa do Marfim e de Angola, mas também do sudoeste da atual Nigéria e de Moçambique. Tinham, consequentemente, culturas étnicas e identidades diferentes quando chegaram ao Brasil (MOURA, 1989). E esse caldo cultural se manifestou na grande contribuição à cultura popular brasileira, embora fossem várias identidades em busca de um território. E um dos territórios encontrados foi o quilombo.

Os quilombolas brasileiros são comunidades residentes em núcleos urbanizados de terras conquistadas por direitos constitucionais (Constituição Federal de 1988, especialmente os artigos 68, 215 e 216) ou herdadas historicamente de antepassados. Originalmente constituídos por escravos fugitivos ou por doações de antigos proprietários, os quilombos se "constituíram em territórios étnicos de resistência, como alternativa de organização sócio-político-espacial às diversas formas de exploração do trabalho negro e escravo", como caracterizou Maria Albenize Farias Malcher (ca. 2007), da Universidade Federal do Pará.

Símbolos e mitos, uma identidade que prescinde de território

Cada grupo cultural tem seus próprios símbolos naturais ou espirituais que reforçam seu sentido de identidade, como o catolicismo, o budismo, o hinduísmo ou a cabala, cada qual com seus amuletos e sua numerologia. Algumas culturas desenvolveram sistemas de símbolos tão isolados que parecem obscuros, secretos ou misteriosos para os que não convivem com eles, como o vodu, a alquimia, o satanismo, o xamanismo, etc. Ou, ainda, símbolos ligados ao Cosmos, como a Lua, os planetas ou o Sol – venerado amplamente pelos povos antigos, especialmente pelos egípcios.

Da mesma maneira, plantas e animais sempre influenciaram como comunidades percebem seu território e o mundo, porque, como caçadores-pescadores ou produtores agrícolas, nos últimos 70 mil anos, o *Homo sapiens* sempre dependeu de ambos para obter alimentação, vestuário, proteção e até ferramentas. Por isso, árvores, pedras, cristais, cobras, dragões, frutos, fogo, água, etc. estão imbuídos de significado simbólico. Um bom exemplo disso é a Uluru (antigamente chamada de Ayers Rock, como havia sido batizada pelos ingleses), uma grande pedra alaranjada no meio da enorme planície do deserto vermelho australiano, a 450 km de distância da cidade mais próxima, e que tem enorme importância (e magia) para a identidade dos aborígenes locais, os anangus.

Símbolos e relações simbólicas com as pessoas estão no cerne da identidade social e cultural de uma comunidade e podem ser naturais ou criados pelos homens, animados ou inanimados e podem estar ligados a rituais e histórias, como danças, trajes, instrumentos musicais, máscaras, lendas, etc. Um bom exemplo disso são os mitos e os personagens venerados por nações indígenas ligados aos rios da Amazônia, como a lenda da boiuna ou da cobra-grande.

Em termos de marketing, isso quer dizer que a simbologia relacionada à identidade em determinado território tem valor como ponte de relacionamento e provavelmente como acesso a decisões de compra. Questões como essa nunca são estudadas por grandes produtores de bens de consumo pela simples razão de que sua abordagem mercadológica está baseada em valores globais, como produção e consumo em alta escala e inexistência de identidade.

E aqui reside uma oportunidade de branding: a força da memória emocional do produto local, conforme veremos no capítulo a seguir.

2. Marketing de produtos locais ou globais

O QUE É LOCAL?

Além dos lugares que você conhece porque já os visitou, é possível que tenha opinião sobre locais onde nunca esteve, que conhece apenas de ouvir falar ou de ter lido ou visto algo a respeito. Essa percepção de segunda mão e fragmentada pode evocar sensações positivas ou negativas sobre fazer turismo ou comprar um produto desse local.

Nossas associações mentais com os lugares moldam nossos entendimentos, necessidades e carências, que se transformam em desejos no cotidiano das batalhas de marketing. Por exemplo: quer dar uma garrafa de vinho de presente sem correr o risco de errar? Escolha um francês. Queijo? Francês ou italiano. Uma viagem de aventura? Ásia. Viagem romântica? Toscana. Viagem de compras? Miami. Certas categorias de produtos ou marcas estão indelevelmente associadas a determinados territórios, o que se torna parte de sua identidade.

Como você vai ver neste capítulo e nos próximos, essas associações acontecem por uma série de razões e podem ser utilizadas estrategicamente em benefício de seus produtos e serviços, aproximando percepções positivas ("Meu vinho é da Borgonha, então deve ser de qualidade.") ou afastando negativas ("Meu banco é da Bolívia, então é melhor não informar.").

Em termos biológicos, o lugar de origem deixa marcas no DNA de cada um de nós. Ao longo dos séculos, o lugar evoluiu da região na qual tribos de *Homo sapiens* realizavam seu trabalho como coletores ou extrativistas de frutas e animais – e, mais tarde, onde implantaram suas áreas de agricultura – para um contexto mais moderno, conceitual, que inclui a representação de arquétipos de pertencimento.

Não urinamos nos postes perto de casa nem na banca de revistas da esquina, como quase todos os mamíferos fazem para delimitar seu território e se precaver contra riscos.

Delimitamos e reconhecemos nosso lugar pelos cinco sentidos – visão, audição, tato, paladar e olfato orientam nosso organismo no ambiente e nos ajudam a reconhecer imagens, ruídos, texturas, sabores e aromas que marcaram nossa infância, por exemplo –, o que influencia, mesmo de forma inconsciente, nossas preferências por produtos e serviços.

Nosso lugar de origem está em nosso DNA e lá vai permanecer até o fim, como bem retratou o poeta Gonçalves Dias, na "Canção do exílio":

> Minha terra tem palmeiras,
> Onde canta o sabiá;
> As aves, que aqui gorjeiam,
> Não gorjeiam como lá.
>
> Nosso céu tem mais estrelas,
> Nossas várzeas têm mais flores.
> Nossos bosques têm mais vida,
> Nossa vida mais amores.
> [...]
> Não permita Deus que eu morra,
> Sem que eu volte para lá;
> Sem que desfrute os primores
> Que não encontro por cá;
> Sem qu'inda aviste as palmeiras,
> Onde canta o sabiá.
> (GONÇALVES DIAS, 1846)

Local: aquilo que é do lugar

O local de origem é algo que vai além das relações geográficas, podendo ser um sinalizador de *status* social ou profissional. Quando alguém me pergunta: "De onde você é?", a resposta pode variar, dependendo da situação. Sou gaúcho, mas se estiver em uma cidade do Rio Grande do Sul, vou especificar: "de Torres", porque é bastante possível que meu interlocutor saiba aonde fica essa cidade. Se estiver em Fortaleza, vou responder: "Sou gaúcho". Se estiver em São Paulo, em um ambiente com paulistanos natos, é possível que minha resposta seja: "Sou do sul, mas moro em São Paulo há 40 anos". Se estiver na Suécia, vou responder: "Do sul do Brasil". E se estiver no Azerbaijão, é possível que minha resposta seja: "Do sul do Brasil, perto da Argentina". Ao me apresentar dessa maneira, vou revelar minha origem, meu lugar e facilitar que o interlocutor saiba onde fica a minha terra.

O lugar onde nascemos faz parte de nossa identidade, por isso o local de origem de alguém pode nos dizer algo relevante sobre a pessoa em si ou pode oferecer pontos de referência para se iniciar um contato social. A ligação com o lugar (entendido como o local da moradia, município, região ou país) desempenha forte papel na identidade própria, na autoestima individual, grupal ou cultural – reveja a questão da territorialidade no capítulo anterior, com exemplos da Catalunha e de outros locais. Assim, a pergunta "De onde você é?" costuma ser usada para iniciar uma conversa com um desconhecido. Na maioria das vezes, nosso lugar de origem nos define como pessoa ou como consumidor, não importa o nosso grau de globalização ou em quantos países ou locais já moramos.

O bairrismo é uma forma de identificação de origem e a ligação cultural com o lugar é também um forte elemento de atração ou afastamento social. No meu caso, por exemplo, se quem perguntou de onde sou também for do Rio Grande do Sul, ele poderá perguntar se eu sou colorado ou gremista – torcedor de um dos dois times de futebol. E, quando eu disser que sou colorado (torcedor do Internacional Esporte Clube), poderei ser simpático com o interlocutor ou afastá-lo emocionalmente de mim – caso ele seja torcedor do Grêmio Futebol Clube. E é claro que entre a série de perguntas quase obrigatórias que me fazem por causa da minha identidade territorial estão: "Você toma chimarrão?", "Você gosta de churrasco?", "O seu sotaque é sempre assim?", "Você conhece a piada das três facas?" (que eu não vou contar, é claro...).

Por definição, o lugar em que queremos estar é aquele no qual nos sentimos melhor, que nos oferece segurança e harmonia, amparo da família, permite que nos expressemos e nos mostremos individualmente para os visitantes. E esse ambiente positivo, esse conceito de "lar, doce lar" influencia nossas decisões sobre a vizinhança com a qual queremos viver, o estilo de vida de que gostamos e os produtos e serviços que queremos comprar. A seguir, vamos analisar o lugar como a praça dos 4 Ps estendida.

O local como praça, um dos 4 Ps do marketing

O conceito de *local* no contexto do marketing contemporâneo deve ser avaliado tanto com relação aos 4 Ps criados por E. Jerome McCarthy em 1960 (produto, preço, promoção e praça), em que o P de *praça* representa um dos quatro pilares básicos de qualquer estratégia de marketing, quanto no entendimento proposto por John A. Quelch e Katherine E. Jocz no livro *Todos os negócios são locais*. Nessa obra, os autores argumentam que, quanto mais global for uma atividade, mais características locais ela precisa incorporar, para se aproximar do consumidor que pode até comprar globalmente, mas vive em um ambiente local.

Segundo Quelch e Jocz (2014), o gestor de marketing globalizado deve entender e administrar as várias dimensões que compõem a praça (ou o lugar):

» **O lugar psicológico** – as pessoas fazem uma rede de associações mentais com localidades, e essas associações são transferidas para produtos ou serviços, no momento de compra, por muitos motivos. Essa é a razão pela qual a região de Toscana é procurada como um local para passeio romântico, por exemplo.

» **O lugar físico** – é a presença do produto ou serviço nos pontos de venda, nas lojas, na distribuição convencional, nas lojas ou supermercados. É por isso que algumas marcas criam verdadeiros ecossistemas de exposição em lojas para motivar o manuseio e a compra.

» **O lugar virtual** – a venda on-line mudou o conceito de distribuição, porque permite a formatação de ofertas para o consumidor personalizadas pela geolocalização, preferências pessoais ou segmentação socioeconômica. O sistema pode ser mais invasivo ainda, como ficou provado em março de 2018, quando os dados de milhões de usuários de uma rede social foram utilizados para influenciar eleitores nas eleições presidenciais americanas. Além disso, convivemos com uma realidade estranha: as pessoas estão dispostas a comprar de um fabricante remoto, mas querem atendimento presencial quando têm problemas.

» **O lugar geográfico** – é o território, a região, mas também a valorização de um produto ou serviço que esteja associado a uma indicação geográfica, como vinhos espumantes e a região de Champanhe.

» **O lugar global** – é o território que não é território, porque são vários territórios ao mesmo tempo. Quelch e Jocz (2014) afirmam que as empresas

2. Marketing de produtos locais ou globais

devem se promover de maneira simultânea em múltiplos territórios para criar um laço emocional com os consumidores – e buscar a identificação com o local, mesmo sendo uma marca global.

> "Do nosso ponto de vista, o local determina como os consumidores interagem com um produto ou marca. As relações entre clientes e lugares afetam de forma profunda a estratégia de marketing e são fundamentais para a organização de nossa própria vida." (QUELCH; JOCZ, 2014, p. 9).

Com as inovações da tecnologia da informação introduzindo novos recursos, estabelecendo redes globais instantâneas e reduzindo custos de coleta, armazenagem e análise de dados – o famoso Big Data –, muitas empresas globais desenvolveram ferramentas de controle realmente poderosas, que pesquisam hábitos de consumo de pequenos territórios que facilitam a gestão global, incentivando a promoção de produtos globalizados.

Com a ascensão de um mundo cada vez mais interconectado, estimula-se que os profissionais de marketing deem o maior destaque possível a seus produtos, expandindo marcas no mundo inteiro para conquistar uma participação global dominante. Não há nada errado com essa abordagem, mas as empresas se esquecem da importância de outros tipos de lugares, especialmente dos mercados locais. Por exemplo, uma empresa de atuação global pode monitorar diariamente as tendências de venda de milhares de lojas distribuídas nos mais diversos países, mantendo até mesmo programas para atender encomendas locais personalizadas, mesmo que em pequenos lotes.

Embora alguns especialistas elogiem a globalização – e os benefícios do marketing massivo com foco em múltiplos mercados similares, como descrito pela primeira vez por Theodore Levitt em 1983 –, outros alertam para seus perigos. Pessoalmente, creio que ninguém está completamente certo ou errado. Alguns – especialmente a geração de empreendedores do Vale do Silício – afirmam que os consumidores desejam viver em uma nuvem digital, mas todos os dias podemos notar que as pessoas ainda valorizam a importância do toque físico, do serviço personalizado, da familiaridade e do toque local.

Um cidadão global e sua emoção sobre o local

José Carlos Santanita é um sommelier e empresário português, casado com uma brasileira, formado em hotelaria e turismo em Estoril, Portugal. Mora em Montemor-o-Novo, onde produz vinhos e azeites, mas também tem negócios no Brasil na área de educação para o consumo do vinho e representação comercial de vinhos portugueses. No início de maio de 2018, Santanita anunciou em suas redes sociais que seus primeiros vinhos com a marca de sua terra natal – o seu local – estavam chegando ao mercado. A emoção da mensagem ajuda a compreender o valor de um produto local, mesmo para uma pessoa com atividade global:

> Não poderia deixar de partilhar um dos momentos mais emocionantes da minha carreira como profissional do vinho. Ver um vinho assinado e selecionado por mim, saindo com o nome da minha terra para outro país é uma sensação inexplicável. É a minha terra divulgada no mundo. Saíram hoje milhares de garrafas para o Brasil. Tenho a certeza de que este vinho será uma das grandes referências vínicas populares do Alentejo.
>
> Paraíso de encantos e lendas, de cavaleiros e mouras encantadas, existe o reino de Montemor. Terras de Montemor é um vinho inspirado na história real de uma cidade portuguesa, fundada por D. Sancho (I) em 1203, onde Vasco da Gama estudou algumas de suas mais importantes expedições marítimas. Local onde os nossos antepassados já atestavam a qualidade de tudo o que por cá se produz. Aqui, no melhor terroir da região, nasce o vinho Terras de Montemor, produzido a partir das castas Syrah, Alicante Bouschet, Touriga Nacional e Aragonez. O vinho Terras de Montemor possui uma grande versatilidade, funcionando bem com a maoiria dos momentos, sejam eles gastronômicos ou simplesmente para celebrar a vida. (SANTANITA, 2018)

O local é mais confiável

Ações de relacionamento corporativo, de atendimento ao consumidor, de sustentabilidade e de responsabilidade social podem ajudar a diminuir a distância entre um produto global e um consumidor local. Segundo demonstraram Holt, Quelch e Taylor (2004), em um artigo da Harvard Business Review: "dada uma opção entre duas marcas globais comparáveis em preço e qualidade, é mais provável que os consumidores escolham a empresa que, na comunidade local, julguem mais responsável do ponto de vista social".

Essa preferência pode ser explicada por fatos como este: quando você compra on-line de uma empresa global, se o produto der problemas, o que você quer e resolve de verdade é o atendimento pessoal, local, personalizado e, se possível, ao vivo. Na verdade, meu estimado leitor ou leitora, todos nós sempre procuramos o confiável e, se possível, o conhecido.

Da mesma forma, buscamos comprar um produto ou serviço tendo como referência nossas experiências anteriores e o nosso passado, o nosso local de origem, o que se reflete de maneira bastante clara na propaganda que constrói marcas – a *branding advertising*, aquela na qual uma empresa da China, da Alemanha ou do Texas quer que você acredite que ela é tão brasileira quanto o samba e o futebol. Como registraram John Quelch e Katherine Jocz (2014): "a abordagem vem evoluindo da louvação dos benefícios dos produtos em si para a indução de conexões emocionais entre o potencial comprador, a marca e o produto."

Por conta disso, a propaganda de um automóvel não é mais focada em seus benefícios óbvios (economia, segurança, durabilidade e conforto), e sim no estado de espírito que ele poderia despertar no motorista, na sedução, na liberdade de dirigir em estradas onde não há tráfego ou, ainda, em *status*. Implicitamente, a mensagem é a de que o carro vai transformá-lo em uma pessoa melhor e mais importante. Na verdade, na área de comunicação sempre foi assim: o melhor produto final é aquele que consegue demonstrar maior conexão emocional do consumidor com a recompensa oferecida pelo produto – mesmo que seja irreal ou intangível.

Nesse contexto, se você for gestor de um produto ou serviço que possa ter sua identidade associada a um território respeitado por sua cultura, um valor comunitário positivo como a educação, uma experiência confiável ou talvez um sabor de infância, você terá vários elementos emocionais do seu lado, trabalhando a seu favor. E isso definitivamente não pode ser oferecido pelo produto planejadamente global, desenvolvido para ser uma commodity com marca, que está na prateleira ao lado do seu.

E é por isso que um produto com identidade local tem grandes oportunidades para competir com os produtos padronizadamente globais, permitindo o que chamo de duplo branding.

Um evento local com participação global

O local e o global têm estranhas relações, às vezes em diferentes dimensões, como na sociologia, na história e na economia. Uma festa de casamento permite isso. Segundo estimativa da rede de rádio e televisão britânica BBC, cerca de 1,9 bilhão de pessoas (SABUR; MILWARD; CRILLY, 2018) assistiram pela televisão, dia 15 de maio de 2018, um evento local que em tese deveria interessar a apenas duas famílias e eventuais amigos convidados: o casamento da atriz californiana Meghan Markle, uma plebeia, com o inglês Henry Charles Albert David, o príncipe Harry. A esse número devem ser somadas as audiências das emissoras de rádio, os posts em sites e grupos nas redes sociais (mais de 1 bilhão de pessoas, no mínimo) e centenas de jornais com tiragens acima de 100 mil exemplares. A estimativa total deve chegar perto dos 3,5 bilhões de pessoas interessadas no tal casamento.

Mas por que esse casamento despertou tanto interesse? Por que algo tão especificamente local teve uma repercussão tão global?

Ninguém tem certeza. Não foi para ver o vestido da noiva nem o chapéu da rainha Elisabeth II, a avó. Não foi também porque essa união significa uma aproximação diplomática que vá provocar algum tipo de união entre os dois países de onde são os noivos. E certamente não foi porque os noivos chamam a atenção pela beleza, sabedoria ou riqueza. Psicólogos explicam que eles devem representar algo de intangível para bilhões de pessoas; devem ser símbolos de algo que acontece no plano local, a vida de um casal que terá continuidade sempre apenas no âmbito local, mas que pode despertar a curiosidade humana – e isto sim: a curiosidade humana é um valor global.

O QUE É MARKETING?

Fazer branding ou duplo branding significa fazer marketing. Existem dezenas de definições de marketing – e centenas de regras e manuais para realizá-lo com sucesso.

Peter Drucker (2008), considerado o pai da administração moderna, dizia que "O objetivo do marketing é tornar a venda supérflua", e que a meta do marketing é "conhecer e compreender tão bem o cliente que o produto ou serviço se adapte a ele e se venda por si só". Esse conceito demonstra claramente a importância de se conhecer o consumidor potencial, e as pesquisas que ajudam a fazer isso.

Gosto de coisas simples e meu próprio conceito de marketing é o seguinte: "Marketing é todo esforço realizado pela pessoa ou empresa para diminuir a distância entre seu produto ou serviço do consumidor".

Mas vou acompanhar a definição de Philip Kotler (1999), que, com mais simplicidade ainda, escreveu que "marketing tem sido definido por diversos observadores como a arte de conquistar e manter clientes". O autor, no livro *Marketing para o século XXI: como criar, conquistar e dominar mercados*, apresenta os princípios de marketing, que serão resumidos a seguir em cinco postulados.

Os cinco princípios do marketing

1. O CONSUMIDOR É O VERDADEIRO PATRÃO

O primeiro princípio do marketing consiste em reconhecer que tudo é feito para atender a uma necessidade do cliente, e que os objetivos de longo prazo da organização, sejam financeiros, sejam sociais, poderão ser mais facilmente alcançados se o cliente estiver satisfeito. Quanto mais satisfeito, teoricamente mais facilidade para viabilizar as suas metas. Na verdade, eu acrescentaria que, se os clientes não estiverem satisfeitos, em breve sua empresa não vai vender nada, porque a concorrência é feroz e a fila anda.

> Howard Schultz, criador da Starbucks, concebeu seu café como o terceiro lugar social, depois da casa e da família, um lugar de trabalho e para estar com colegas, onde pessoas de uma comunidade poderiam relaxar e passar um tempo com amigos – isso em uma época em que sentar em uma mesa de bar obrigava o cliente a consumir alguma coisa. Ele dizia que não fazia questão de que a Starbucks alcançasse clientes com 5 mil lojas, mas que uma loja alcançasse os clientes 5 mil vezes. (QUELCH; JOCZ, 2014)

2. CONSUMIDORES COMPRAM BENEFÍCIOS

Clientes não compram produtos, eles compram o que o produto faz para eles. Na esmagadora maioria dos segmentos, os consumidores estão menos interessados nas características técnicas do produto ou serviço do que nos benefícios que eles obtêm por meio da compra, do uso ou do consumo do produto ou serviço (GRÖNROOS, 2003).

Os gestores de marcas de vinhos, por exemplo, entendem que sofisticar e mitificar o produto agrega valor. O que parece funcionar no caso de produtos como o vinho, porque o posicionamento quase sempre é baseado em *status* social e em duas armadilhas psicológicas que fazem as pessoas comprarem produtos, optando pelos preços mais caros – os efeitos placebo e halo, conforme veremos a seguir.

E, como sabemos, os benefícios oferecidos por um produto podem ser objetivos, para atender a alguma necessidade biológica, factual; ou subjetivos, para atender a uma necessidade de aceitação, *status*/imagem ou autopercepção. Em produtos de tecnologia, isso é muito claro: pouco importa como o benefício é entregue, desde que funcione.

3. O MARKETING É UMA ATIVIDADE COLETIVA

"Marketing é algo importante demais para ser deixado a cargo apenas do departamento de marketing", dizia David Packard (Kotler, 2000, p.13), um dos criadores da HP. Esse é também um dos ensinamentos do publicitário David Ogilvy, criador de uma das maiores agências de propaganda do mundo, a Ogilvy Group.

O marketing é mesmo tarefa de todos em uma organização. As ações de todos podem ter um impacto nos clientes finais com relação à satisfação e à fidelização. Na área de serviços, isso é fundamental. E, no planejamento de turismo com fundamento na identidade territorial, é imprescindível a participação e o engajamento da comunidade em atividades de atração e recepção aos visitantes, como vamos ver no capítulo 4.

4. OS MERCADOS SÃO HETEROGÊNEOS

Os mercados são constituídos por clientes individuais diferentes entre si, por submercados, segmentos ou nichos. Enquanto alguns clientes compram um carro para se locomover da maneira mais econômica entre dois pontos, outros procuram um veículo para se exibir, impressionar os vizinhos e amigos ou até mesmo procuram a segurança para fazer a compra desse tipo de produto. Os produtos e serviços que tentam satisfazer um mercado segmentado por meio de um produto padronizado geralmente fracassam ao tentar satisfazer diferentes tipos de clientes a um só tempo, e se tornam vulneráveis a concorrentes.

Essa é uma das brechas de oportunidade para os produtos com identidade territorial, porque eles podem ser posicionados com base em valores emocionais que refletem signos e componentes complexos de experiências territoriais, como vimos em seus princípios básicos no capítulo 1, e vamos ver em seu uso mercadológico no capítulo 3.

5. Mercados e clientes mudam constantemente

Segundo Hooley, Saunders e Piercy (2001): "Os mercados são dinâmicos e praticamente todos os produtos têm vida útil, até ser descoberta uma nova maneira de satisfazer o desejo ou a necessidade que os geraram". Na verdade, mais do que isso, inovações, tecnologias ou novas abordagens podem apressar o fim de um mercado ou segmento de negócios, da mesma forma que têm acabado com profissões.

> **Armadilhas psicológicas: o efeito placebo e o efeito halo**
>
> O vinho é uma bebida que transfere um conjunto de conotações positivas ao ambiente e às pessoas que o bebem; é um produto de consumo que caracteriza um estilo de vida, que vai mostrar como você é sofisticado, lindo, alegre e bem-sucedido. Mas será que uma garrafa de 750 ml de um suco de uvas fermentado, mesmo que guardada por 15 anos, vale centenas ou milhares de euros? Os produtores usam dois truques que a grande maioria dos consumidores simplesmente não percebe: o efeito placebo e o efeito halo.
>
> O efeito placebo
>
> "É caro? Então deve ser bom!" Esse comportamento, que é a base do marketing de vinhos, chama-se efeito placebo, e foi identificado no início dos anos 1950, nos Estados Unidos. A armadilha funciona assim: a parte do cérebro ligada às recompensas é responsável por isso. O sistema de recompensas é ativado de maneira muito mais forte com preços elevados e provavelmente fortalece a experiência do gosto dessa maneira, aumentando a percepção de qualidade, o que justifica o preço, explicou um dos pesquisadores.
>
> Isso foi demonstrado em 2017 por um grupo de pesquisadores da Insead Business School e da Universidade de Bonn, na Alemanha. Os pesquisadores fizeram baterias de testes com quinze mulheres e quinze homens, todos documentados por ressonância magnética, durante uma degustação de vinhos. Primeiramente foram servidos vinhos sem informar o preço, e os consumidores fizeram sua avaliação de sabor e uma estimativa de preço de cada um deles. Mais tarde, as mesmas pessoas receberam doses dos mesmos vinhos, em uma ordem diferente, só que agora o preço de cada vinho

era informado. Adivinhe só: desta vez, os vinhos mais caros foram considerados os melhores. Para azar nosso, consumidores, nossa cabeça funciona assim...

O efeito halo

O efeito halo é um viés cognitivo que nos faz processar as informações que capturamos do meio ambiente de maneira equivocada: nós generalizamos uma característica positiva (ou negativa) de uma pessoa para tudo que a cerca. É bastante utilizado pela propaganda. O processo, definido em 1920 pelo psicólogo Edward L. Thorndike, um dos pais da psicologia comportamental, está associado basicamente a pessoas, mas, por extensão, também com os produtos que eles consomem.

Um exemplo bem conhecido do efeito halo: o ator George Clooney não é um especialista em cafés – na verdade, nem sabemos se ele gosta de café –, mas desde 2005 o ator é o garoto-propaganda de uma marca de cafés Premium, como se fosse um grande especialista. Dizem que aumentou as vendas em cerca de 22% em um ano (COM GEORGE..., 2010). Na indústria do vinho, seria razoável a utilização de um especialista como Robert Parker como garoto-propaganda de um rótulo ou marca, mas isso não existe na vinicultura. A champanhe francesa Veuve Clicquot utiliza imagens clássicas de luxo e cores quentes e, mesmo que venda bem, não é uma das marcas top ten. Nos vinhos tranquilos, o Petrus Pomerol, o Romanée-Conti e alguns Domaines de Bordeaux, categorizados como Grand Crus, vivem de uma imagem e fama quase ancestrais – um efeito halo ligado ao terroir. E terroir, como já vimos no capítulo 1, é uma das ferramentas que pode ser utilizada no branding de marcas de produtos com identidade territorial.

As variáveis e os 4 Ps de marketing

Com a tomada de decisão do posicionamento desejável para o produto no mercado, o gestor vai fazer a gestão de seu produto ou serviço e de sua marca, utilizando recursos (ferramentas) disponíveis no contexto das variáveis de marketing – controláveis ou incontroláveis.

As **variáveis incontroláveis** são aquelas que independem das ações da empresa, mas provocam alterações substanciais no mercado, como:

» legislação (novas leis ou mudanças na legislação existente);
» novos concorrentes (fusões, associações, assinatura de convênios empresariais);

- » mudanças repentinas nos canais de venda;
- » crises econômicas que afetam preços ou capacidade de compra dos consumidores;
- » crises de imagem, como denúncias ou recolhimento de produtos por mandatos judiciais;
- » problemas inesperados de infraestrutura;
- » problemas comunitários derivados de chuvas, desabamentos, tufões, tempestades;
- » morte de dirigentes ou de executivos importantes da empresa.

As **variáveis controláveis** são aquelas utilizadas pela empresa para interagir com o seu mercado, elementos sobre os quais a empresa pode exercer decisão e gerenciamento, resultando em ações de controle do comportamento no mercado. Elas formam o composto de marketing, ou mix de marketing, ou, ainda, os 4 Ps de marketing: produto, preço, praça e promoção. Veja um resumo a seguir.

- » **Produto** – é tudo aquilo que pode ser oferecido a um mercado para aquisição ou consumo, para satisfazer um desejo ou necessidade do consumidor, como bens, ideias ou serviços. E as variáveis que você pode gerir são as características de formulação e apresentação do produto ou serviço.
- » **Preço** – é o valor monetário atribuído a um produto, para efeito de comercialização; na verdade, é o valor que o mercado está disposto a pagar pelo produto ou serviço. As variáveis de gestão são o valor em si, as formas de pagamento e as condições de compra, entre outras.
- » **Praça** – todos os aspectos de distribuição de bens e serviços, incluindo os canais de vendas tradicionais, como lojas, máquinas de vendas, distribuidores, revendedores e canais de venda on-line. As principais variáveis de gestão são o âmbito da oferta e a definição dos canais de venda. Considere nesse item as diversas dimensões que podem ser incorporadas ao conceito mercadológico de "praça", como a iniciativa criativa de vender leite fresco em uma máquina automática de vendas (como vamos ver no caso a seguir) e outras que estão descritas no tópico de abertura deste capítulo, "O que é local".
- » **Promoção** – todo o esforço de comunicação a respeito de uma empresa e de seus produtos; todas as formas de comunicação promocional comumente

utilizadas pelas empresas e organizações para se comunicarem com os seus mercados, como propaganda, promoção de vendas, merchandising e relações públicas.

Produto = utilidade
Funcionalidade
Característica
Embalagem
Variedade
Qualidade
Garantia
Design

Promoção = divulgar
Publicidade e Propaganda
Promoção de vendas
Estorno de vendas
Relações públicas
Imagem da marca
Comercialização
Marketing direto
Descontos

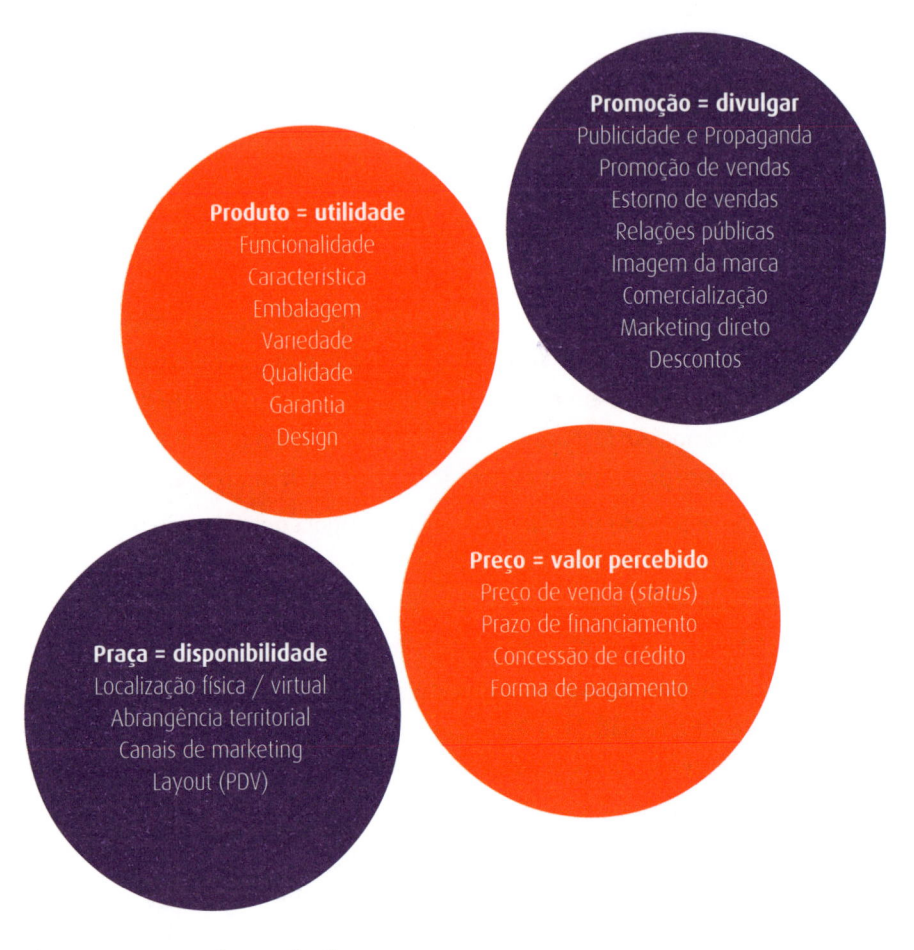

Preço = valor percebido
Preço de venda (*status*)
Prazo de financiamento
Concessão de crédito
Forma de pagamento

Praça = disponibilidade
Localização física / virtual
Abrangência territorial
Canais de marketing
Layout (PDV)

Figura 1. **Os 4 Ps de marketing**

BRANDING E GESTÃO DE MARKETING

Como já vimos, só teremos sucesso no branding da marca respeitando aqueles cinco princípios e fazendo a correta gestão dos 4 Ps de marketing. Mas não se esqueça de duas premissas fundamentais no marketing:

» todo produto deve atender a uma necessidade ou a um desejo do consumidor;
» todo produto deve ser posicionado para um perfil de consumidor.

Fazer branding é realizar o **conjunto de atividades que se destina exclusivamente à gestão de uma marca**, atuando desde a concepção do produto (fundamentada em pesquisas e análises mercadológicas) e ao longo de sua vida no mercado, procurando valorizar ou corrigir as inevitáveis etapas de seu ciclo de vida, de lançamento, crescimento, estagnação e declínio. Para isso, o gestor utiliza os 4 Ps de marketing e outros recursos que já vimos, após definir qual é o posicionamento de seu produto no mercado – ou, melhor ainda, na mente do consumidor. Vamos ver essas questões a seguir, mas antes vamos relembrar a gênese dos produtos.

Características físicas e psicológicas de produtos

Em princípio, quase todos os produtos nascem similares – e, considerando que vivemos em um mercado altamente competitivo e globalizado, quase todos os produtos começam sua carreira no mundo dos negócios como commodities. Essa é uma caracteristica dos produtos globais que nascem idênticos, porque foram planejados para isso. Ser padronizado e similar pode ser tão valorizado como qualidade no mundo do marketing que alguns fabricantes chegam a promover um grande lançamento mundial, simultâneo, em diferentes capitais, de um novo produto no mercado.

Quase tudo é igual em produtos globais: forma, cor, design, tamanho, recursos, etc., de alimentos fundamentais, como o pãozinho nosso de cada dia, a produtos repletos de tecnologia e sofisticados, como computadores, celulares e automóveis – veja o quadro 1. Os pães têm praticamente a mesma receita, cor e forma em todos os países e há centenas de anos, com raras exceções – geralmente pães com receitas locais ou regionais, que os diferenciam dos pãezinhos sem identidade, como os croissants franceses. Celulares e computadores são de tal maneira similares que parece que todos os fabricantes sincronizam seus departamentos de design de maneira combinada com os concorrentes.

Essa é a lógica de produtos industrializados, vendidos em maiores ou menores mercados (regionais ou globais). Mas mesmo quando se trata de desenvolver produtos artesanais – que não cumprem metodologia produtiva em escala industrial

– na maioria das vezes o modelo continua sendo o líder do segmento, porque é sempre considerado como o mais bem desenvolvido. Por exemplo: um móvel artesanal pode ser produzido com madeira de melhor qualidade e ter um design diferenciado, mas sempre terá de atender a funções de uso desse móvel – o que o levará a ser referenciado a móveis não artesanais que também precisam atender a essas funções.

Características físicas de um produto:

cor, forma, aroma, sabor, tamanho, material, embalagem, matérias-primas, processo produtivo, tecnologias, canais de venda e distribuição, fontes (local de crescimento, em produtos de coleta) e outros aspectos tangíveis.

Características psicológicas associadas a um produto:

status social, sentido de pertencimento social, aceitação no grupo, autoafirmação, adaptação a modas e modismos, busca de recompensa psicológica como elogios e outros aspectos intangíveis.

A diferenciação entre um produto padronizadamente global e um produto com identidade local pode ser construída especialmente em três frentes:

» **constituição** – receita, materiais, processo produtivo;
» **posicionamento** – posição que o produto ocupa na mente do consumidor;
» **comunicação** – grau de envolvimento emocional com a experiência pessoal.

Diferenciação dos produtos globais

A diferenciação de um produto padronizadamente global está em mudanças de suas características físicas, como composição, inovações e tecnologias. Mas o irônico é que uma inovação diferenciadora colocada em um produto padronizado vai gerar um novo produto global padronizado, pela simples razão de que tem de ser assim. Trata-se de um ciclo de desenvolvimento de produtos no qual o foco é a produção e o consumo em massa. A qualidade do produto está na capacidade de reprodução em larga escala e o objetivo é o lucro em grande escala.

Agregar inovações em produtos planejadamente padronizados pode ser estrategicamente importante para o produto e atender a necessidades reais ou

Quadro 1. **Resumo comparativo de produtos globais e locais**

Produto ou serviço	Conceito de qualidade	O que o produtor espera	Diferenciação no mercado
Produto padronizadamente global	Produção em qualquer país e entrega de um produto idêntico ou similar, em larga escala, com custos reduzidos, que ofereça o mínimo possível de defeitos e necessidades de personalização	Compra e fidelização por consumidores que associam qualidade de vida ao consumo de produtos com aceleração permanente de inovações e novidades, que os surpreendam e globalizem	Todos os produtos são padronizadamente similares; a personalização também é planejadamente padronizada e, quando há uma inovação, ela imediatamente gera outro produto padronizado
Produto com identidade territorial	Capacidade de oferecer produto ou serviço com qualidade competitiva, que suscite também lembranças positivas relacionadas a uma experiência pessoal anterior ou ambiente familiar, diferenciando-se dos demais.	Compra e fidelização por consumidores que buscam inovações, mas que valorizam qualidade de vida e encontram segurança emocional em produtos ou serviços com referência identitária	Produto com qualidade, que desperta ou evoca experiências pessoais no consumidor, oferecendo a ele sabor local e lembranças positivas.

potenciais dos consumidores, mas tem limites. É apenas momentânea no tempo e espaço (porque logo será copiada ou substituída), e estabelece relações de emoção artificiais – porque construídas de fora para dentro, do produto para o usuário. Como todos os produtos são similares no atendimento das necessidades do consumidor, esse processo de inovação momentânea é artificial e não consegue produzir mensagens de afeto a consumidores nas redes sociais – apenas mensagens superficiais de fabricantes apresentadas como ícones de modernidade, uma tentativa de fazer storytelling na boca de uma máquina pensante, o computador que atende às pessoas ao telefone ou on-line.

Diferenciação dos produtos locais

Já a diferenciação de um produto com identidade territorial pode se dar no contexto da inovação, mas também e especialmente no que diz respeito às características psicológicas associadas, aproveitando mitos, sonhos e experiências pessoais que um produto com sabor local pode suscitar. A qualidade do produto, além de suas características intrínsecas, está na capacidade de despertar lembranças positivas relacionadas a um ambiente. E o objetivo, além de obter lucro na maior escala possível, é proporcionar maior bem-estar e qualidade de vida ao consumidor.

A melhor expressão disso são frases de consumidores, como: "Ah! O delicioso sabor do bolinho da padaria da minha esquina" ou: "O inimitável biscoito da cidade tal". Aliás, comentários como esses são um tipo de storytelling que atraem muitos cliques em grupos de Facebook e redes sociais.

Identidade de marca de um produto global

Nos universos do marketing, da publicidade e da comunicação, a identidade de uma marca está ligada a valores de design gráfico (formas, cores, imagens) e também a experiências sensoriais e emocionais, na capacidade de uma marca ser reconhecida como única ao longo do tempo, sem confusão, graças aos elementos que a individualizam.

Na economia global, a identidade da marca é o principal recurso para o desenvolvimento da estratégia institucional ou mercadológica do produto ou da empresa representada pela marca. A marca influencia a criação e a comunicação e também a logística da produção, a distribuição, o gerenciamento dos recursos humanos e o processamento de informações.

Executivos raciocinam assim por uma lógica corporativa ancestral sobre o que é um produto global: algo utilitário e lucrativo que possa ser produzido do mesmo jeito em qualquer local do mundo e atraia a atenção do comprador. A identidade desse produto global, porém, é de todos e de ninguém, porque na verdade é de uma empresa.

⚠ Vantagens e desvantagens de produtos globais

Uma empresa é considerada global quando ela consegue desenvolver um produto que possa ser vendido em diferentes mercados, precisando apenas de adaptações mínimas para cada mercado. Dizem que um conhecido fabricante de um refrigerante de cola, que você deve imaginar quem é, utiliza duas fórmulas para todos os mercados – uma com açúcar, outra com xarope; a que vender mais será a mais produzida. Em todos os países, a embalagem do produto inclui o design da garrafa e um rótulo dinâmico reconhecível em qualquer lugar. Mas, como parte da adaptação do produto global ao gosto local, a garrafa ou a lata da bebida podem também incluir a língua do país nativo...

Vantagens

Para especialistas, um produto global oferece muitas vantagens em escala mundial, entre as quais especialmente as que se relacionam a redução de custos e aumento de lucros. Como os custos de marketing são otimizados e as práticas são uniformizadas, é possível obter economia de escala na produção e na distribuição de um produto. Fazer marketing global permite também obter consistência e uniformidade na construção e na manutenção da imagem de marca e nos amplos benefícios da comunicação global, especialmente aqueles que se referem ao marketing digital, que não tem fronteiras.

Desvantagens

Produtos oferecidos de maneira padronizada em mercados globais também podem ter desvantagens, entre as quais as que se relacionam a necessidades específicas de grupos de consumidores, em diferentes locais. Isso se deve ao fato de que diferentes comunidades têm diferentes padrões de consumo, capacidade de compra, diferenças na resposta aos compostos do mix de marketing, peculiaridades culturais e até mesmo legislações que podem restringir ou proibir determinados tipos de produto ou serviço.

O comportamento local de empresas globais

Mesmo trabalhando com produtos em escala mundial, as empresas globais precisam se relacionar social e culturalmente com as comunidades locais – além do relacionamento econômico, que é vender seu produto.

Por exemplo, uma multinacional britânica-holandesa de bens de consumo sediada em Roterdã, nos Países Baixos, e em Londres, na Inglaterra, tem um portfólio com dezenas de produtos globais que são vendidos em centenas de mercados locais. Por essa razão, a empresa desenvolveu, em 2003, princípios globais de marketing de alimentos e bebidas, sendo uma das pioneiras a aplicá-los na comercialização e comunicação de seus produtos dirigidos a crianças e em outras áreas de relacionamento mais sensível, em termos sociais e culturais. Esses princípios consideram questões relacionadas à obesidade e à qualidade de vida (ex.: não podem ser feitas propagandas de porções muito grandes, e também não podem ser exibidos quaisquer elementos que possam interferir em estilos de vida saudáveis ou mostrem lanches como substituto de refeições). Em suas peças de comunicação também não podem haver mensagens enganosas, que estimulem as crianças a comprarem produtos, encorajem hábitos alimentares não saudáveis ou interferiram na influência dos pais.

POSICIONAMENTO

Conceitos fundamentais

Se eu pedir para você citar marcas de automóveis, há uma grande probabilidade de que você se lembre de quatro ou cinco, e depois tenha de parar para pensar, embora no Brasil estejam à venda mais de cinquenta marcas de automóveis. Isso é normal, meu caro leitor ou leitora. E como a maioria das pessoas não consegue lembrar espontaneamente de mais do que cinco marcas por segmento (RIES; TROUT, 1981), ocupar os primeiros lugares na mente do consumidor é fundamental em qualquer esforço de marketing. E, para fazer isso, o produto tem de demonstrar relevância em algum aspecto no qual seja mais competitivo do que seus concorrentes. Esse é, em resumo, o conceito de posicionamento de um produto ou serviço no mercado.

Esse conceito foi proposto por Al Ries e seu sócio Jack Trout, donos de uma agência de propaganda em Nova York fundada nos anos 1960, e apresentado em três artigos publicados nos anos 1970. Em 1981, o livro *Posicionamento: a batalha por sua mente*, dos dois autores, já com o conceito de posicionamento consolidado e com exemplos, foi publicado e obteve sucesso imediato; no mundo inteiro já foram vendidas mais de 1,5 milhão de cópias. Como eles diziam, "posicionamento de mercado é a posição relativa que uma marca ocupa na mente dos consumidores" (RIES, TROUT, 1981).

Em termos psicológicos, o posicionamento de uma marca é consequência do modo como é vista pelo consumidor em comparação às outras marcas. Na verdade, pode ser também a forma como o gestor de marketing gostaria que o seu produto fosse percebido pelo futuro consumidor. Para que a marca assuma um bom posicionamento de mercado, é necessária uma estratégia de marketing eficaz e certeira.

Como no marketing de produtos, o marketing de lugares também deve posicionar – ou reposicionar – de maneira adequada o lugar nos mapas mentais das pessoas, turistas, investidores e empresários. Isso deve ser feito por meio de campanhas, que podem ser efetivadas com publicidade paga nas regiões onde se imagina que estejam os alvos da campanha ou criando outras ações, que incluem diplomacia, promoções com o uso do cinema ou das artes ou programas mais sofisticados, como levar formadores de opinião a visitar o local promovido.

Quelch e Jocz (2014) informam que, em meados da década de 2000, determinados filmes produzidos por Bollywood (a Hollywood da Índia) usavam cenários da Suíça para transmitir um ideal de ambiente, felicidade e tranquilidade. Isso era bom para os indianos e para os suíços, que quase dobraram o volume de turistas (e investidores) indianos no país por um bom período.

Outro exemplo positivo de marketing de lugar foi o sucesso alcançado pela África do Sul em 2010, ao realizar de maneira irrepreeensível a Copa do Mundo de Futebol em seu território, e aproveitar a oportunidade. De país com profunda herança de problemas relacionados a direitos humanos, raciais e pobreza, a África do Sul foi alçada em poucos anos a um país de prestígio internacional, para turistas e investidores. Apenas para comparar: no mesmo ano de 2010, a Índia sediou os Commonwealth Games de maneira caótica e descoordenada e saiu pior do que entrou, com duras críticas de todos os tipos na imprensa internacional.

> Por que um local deve ser posicionado com clareza? Além dos ganhos de fortalecimento das ações promocionais e de valorização da autoestima da comunidade, se um local não se posicionar claramente (isto é, se não declarar indubitavelmente sua identidade e seus valores), sempre ficará à mercê dos fatos e acontecimentos, do ciclo imprevisível de notícias que andam a velocidades estonteantes pela internet. Sem um posicionamento, é muito mais difícil para um produto ou um local restituir a verdade – e, na batalha da comunicação, muitas vezes a versão é mais interessante e forte do que o fato em si.

Para posicionar o seu produto, é necessário identificar e explorar uma oportunidade ou benefício para o consumidor que não estejam sendo oferecidos com destaque pelos outros produtos já existentes – ou oferecer vantagens em relação a quem já o ofereça. Isso se faz com pesquisa nos recursos do próprio produto e nas ofertas de mercado. Por exemplo, se todos oferecem tecnologia inovadora, por que não a incorporar ao produto e oferecer design inusitado ou conquistar pela emoção? Ou por que não traduzir a operação de um computador para um leigo que não é iniciado em tecnologia da informação, simplificando a linguagem?

Se o gestor encontrar um espaço de valorização de benefícios ao consumidor final que ainda foi não ocupado com destaque pela concorrência e sua marca puder entregar esse benefício, este é um caminho a ser avaliado: posicionar o seu produto de uma maneira que outros não lembraram (RIES, TROUT, 1981).

Os três fundamentos essenciais do posicionamento de um território

- » **Verdadeiro**. O posicionamento explícito – a frase ou slogan e as imagens que comunicam o posicionamento – deve refletir uma verdade sobre o local, sem exageros, sem subterfúgios, sem confusão mental. Na era da informação digital (e de gestores públicos e políticos com valores éticos abaixo do nível desejado), a mentira tem pernas ainda mais curtas e uma alegação falsa sobre um território poderá ser desmentida em poucas horas e se transformar em um gigantesco problema, que vai perseguir várias gerações de moradores dali.

- » **Inclusivo**. O posicionamento deve apoiar uma visão inclusiva, relevante para o morador, e não apenas para o turista ou o investidor almejados. Moradores de um local que se orgulham do que está sendo dito de sua comunidade recebem bem os visitantes e falam bem de sua vida comunitária – e esse é o melhor argumento para novas visitas e decisões empresarariais. Ao contrário, se a comunidade não concordar com a mensagem que está sendo comunicada, será a primeira a contradizê-la.

- » **Exclusivo**. Em terceiro lugar, o posicionamento deve incorporar qualidades exclusivas e especiais do território que, se possível, não possam ser imitadas por territórios concorrentes ou confundidas com outros locais. Por exemplo, cachoeiras – talvez o benefício prometido pelo ecoturismo em 90% dos territórios, como se só isso bastasse para atrair multidões. Esses aspectos do território como "produto" podem estar na natureza e na paisagem, na história ou na cultura, na presença de habitantes famosos ou prédios diferenciados, em realizações culturais ou no destaque em alguma coisa, como na economia, na gastronomia ou nos produtos locais.

2. Marketing de produtos locais ou globais

Para um produto padronizadamente global, o posicionamento pode ajudar a estabelecer a identidade de uma marca, buscando promover associações emocionais não pessoais ou humanas (quer dizer, com coisas ou ambientes externos) na mente do consumidor, tentando mostrar o que aquele produto tem de tão especial que pode ser importante para sua vida. Por exemplo, uma marca de smartphone que faz propaganda sugerindo que, ao comprá-lo, você vai se transformar na pessoa mais importante da escola.

E isso é feito basicamente com a comunicação que ajuda marcas globais a ficarem tantos anos na liderança de seus mercados, mesmo com mensagens absurdamente simples nas milhares de lojas em dezenas de países. O que essas marcas têm em comum é uma comunicação sempre objetiva, massiva e constante, que apresenta não só os atributos dos produtos em si mas também um universo de valores projetados artificialmente para cada uma das pessoas que os adquirem ou consomem.

Esses princípios, aplicados a produtos de consumo, também podem ser aplicados para a promoção de um local e para o turismo, com as necessárias adaptações. Uma delas é que turismo não é uma decisão de algumas pessoas em uma empresa, e, sim, a vitrine de uma comunidade, de uma cidade e de um país, e isso exige respeito. A experiência de algumas nações ajuda a compreender isso – veja a seguir.

» **Espanha** – o país saiu do regime ditatorial de Francisco Franco no final da década de 1970, quando precisou restaurar o orgulho nacional e atualizar sua imagem obsoleta de economia fechada. A imagem do sol do pintor Joan Miró foi selecionada pelos gestores públicos como um símbolo nacional, utilizada antes e durante a promoção dos Jogos Olímpicos de 1992 – que se tornou uma vitrine da Espanha moderna e alegre –, e até hoje é utilizada na promoção turística e dos produtos com identidade territorial. O país mudou de patamar em menos de uma década, mas não apenas por causa de um logotipo, mas do apoio que o logotipo recebeu da população.

» **Grã-Bretanha** – no começo dos anos 2000, o primeiro-ministro Tony Blair tentou atrair turistas e investidores com uma campanha que afirmava que aquele era um país criativo, com espírito de aventura e empreendedorismo em ciências e tecnologia. Podia até ser verdade, mas o problema é que a Grã-Bretanha era vista e admirada (e até hoje é assim) por sua tradição, pela monarquia, pelos museus, pelos escritores e pelo perfil de humor – e era isso que trazia turistas e investidores. O fracasso durou três anos, até que o primeiro-ministro desistiu e encerrou a campanha.

> **Áustria** – em 2000, o político de extrema direita Jörg Haider subiu ao poder, assustando a imprensa europeia. No entanto, a Áustria conseguiu passar ilesa pelo impacto da imagem negativa que evocava imagens do Terceiro Reich e do nazismo, graças às fortes associações positivas com valores locais, como Mozart, Salzburgo e valsa vienense.

> **Portugal** – em meados da década de 2010, Portugal venceu a crise econômica que atingiu quase todos os países europeus e iniciou um primoroso planejamento estratégico de internacionalização em várias áreas: economia, turismo, capacitação e tecnologia. O marketing de lugar tem tido muito sucesso, e hoje Portugal é um modelo na captação de investidores, com o plano Portugal 2020 e outros; de turistas com sua cultura, vinhos e hotéis de qualidade; de atração de aposentados e residentes qualificados em torno do Visa Gold, uma permissão para residência em contrapartida a investimentos produtivos no país e que facilita a obtenção da cidadania.

Lembro aqui uma frase de Al Ries, o criador do conceito de posicionamento: "O marketing não é uma batalha de produtos, é uma batalha de percepções" (RIES, TROUT, 1981).

Então, meu caro leitor ou leitora, se vamos enfrentar uma batalha de percepções, será que os valores territoriais, que relembram emoções de infância ou de locais onde o consumidor passou boa parte de sua vida, não seriam um reforço ao posicionamento de um produto? Com certeza! E isso você vai ver a partir de agora.

O posicionamento de produtos com identidade territorial

Um produto padronizadamente global, que nasce similar ao líder e sem uma identidade natural, precisa criar pontes de relacionamento com o consumidor para estabelecer a identidade da marca. O posicionamento pode ajudar nisso quando situa os benefícios para o consumidor em valores externos e superficiais, como o exibicionismo social do tipo "seu vizinho vai morrer de inveja", ou com truques psicológicos, como os efeitos halo e placebo, já mencionados.

Já a diferenciação de um produto com identidade territorial pode se dar no contexto da inovação, mas é especialmente expressivo quando relacionado a mitos, sonhos e experiências pessoais do consumidor, relacionando-o com um produto de sabor local. A qualidade de um produto com identidade territorial pode até mesmo ser menor do que a de seus concorrentes globais, mas se amplia emocionalmente com a capacidade de reproduzir lembranças positivas relacionadas a um ambiente de valor ao consumidor. Como exemplo, conto que na cidade onde nasci e passei a infância, Torres, no Rio Grande do Sul, era produzido pelas famílias um doce de banana de tradição alemã para passar no pão (pão feito em casa, obviamente), a chimia de banana (nome derivado da palavra alemã *schmier*, que quer dizer "algo pastoso"). Até hoje, já adulto, com mais de 60 anos, lembro com carinho que eu e meus irmãos ajudávamos minha mãe a cozinhar grandes panelas de doce de banana. Muitos anos depois, voltei a Torres, encontrei a tal chimia em uma padaria, e não gostei do que provei. Provavelmente para evitar uma grande frustração emocional, até hoje repito para mim mesmo que aquela chimia é que era ruim, não a chimia da minha infância.

> Sir Martin Sorrell, CEO do WPP Group, o mais poderoso publicitário do mundo, proprietário das agências Grey, Burson-Marsteller, JWT, Hill & Knowlton, Ogilvy, TNS e Young & Rubicam, que empregam cerca de 130 mil pessoas em 3 mil escritórios de 112 países (WPP, ca. 2018), é um dos mais importantes empresários de marketing globalizado do mundo. Ele reconhece a importância do sentido de pertencimento de uma pessoa a um local ao afirmar que: "Saber que todos os negócios são locais nos convence não apenas da necessidade de uma sensibilidade local, mas também do enorme valor competitivo que um sentido de lugar pode conferir a marcas ambiciosas." (QUELCH; JOCZ, 2014)

Enquanto produtos globais requerem comunicação consistente e massiva, a comunicação de produtos com identidade territorial pode utilizar recursos como lembranças do passado ou associar o produto a momentos de prazer e alegria. E um dos mais interessantes caminhos para essa comunicação passa pelo storytelling, que atrai muitos *likes* em redes sociais.

ESTRATÉGIAS DE COMUNICAÇÃO

O storytelling

Storytelling é a arte de contar histórias – preferencialmente histórias verdadeiras, sinceras e humanas. De apresentar narrativas comoventes e interessantes.

Uma história interessante é aquela que atrai o leitor por alguma razão, que estabelece uma intimidade que ele não encontra em outros locais. Hoje, o storytelling é um dos mais importantes recursos dos comunicadores e jornalistas que operam blogues e sites, os tais influenciadores, e empresas globais vêm explorando amplamente o potencial desse recurso em redes sociais.

O storytelling tem um forte apelo emocional e pode gerar mensagens mentais importantes ao leitor, se realmente for uma narrativa interessante e apresentar o seu herói, produto ou serviço de maneira inteligente, verdadeira e familiar. Para ser uma narrativa eficiente, deve ter enredo e recursos de uma história, o que pode incluir elementos visuais, diálogos reais baseados em entrevista, a presença de um personagem que seja identificado com o público-alvo que deseja atingir – se despertar emoções positivas –, e até mesmo seguir o roteiro de uma história comum, com algum conflito que seja resolvido até o fim da narrativa.

O duplo branding

Na disputa pelo mercado, um produto pode se diferenciar dos concorrentes por seus aspectos tangíveis (características físicas, como cor, forma, aroma, sabor, tamanho, matéria-prima, embalagem, etc.) e intangíveis (valores associados aos produtos, como a sua origem e a identidade do território onde foi produzido, abrangendo patrimônio cultural, solo, paisagem, clima, herança histórica, etc.). A personalidade territorial é o que permite, por exemplo, que um vinho da Borgonha seja considerado superior e mais caro do que outros vinhos da França e do mundo.

A associação de um produto a uma identidade territorial pode ser feita:

» **pela identificação de procedência** – que é a grande maioria dos casos e que pode ser definida nas "graduações" de indicação geográfica (IG) ou denominação de origem (DO), no Brasil; em outros países, podem existir outras classificações, como denominação de origem controlada (DOC) e até mesmo denominação de origem controlada e garantida (DOCG);

» **pela matéria-prima** – um exemplo é o presunto Pata Negra (*jamón* Pata Negra ou *jamón* ibérico de bellota), considerado o melhor do mundo, feito com a carne de um tipo de porco que se alimenta de bolotas (frutos de casca dura parecidos com castanhas, que caem dos azinheiros) e que é produzido especialmente em regiões da Espanha (Extremadura) e de Portugal (Alentejo); outro exemplo é o sal rosa do Himalaia, extraído de minas salinas localizadas nas montanhas do Himalaia (da China, Butão, Nepal, Índia e Paquistão) e considerado o sal mais puro da Terra;

» **pela metodologia de produção** – como o vinho de talha, criado pelos romanos e que sobreviveu por 2 mil anos no Alentejo, em Portugal; a *vite ad alaberello*, técnica de plantio da Ilha Panteleria, na Itália, um tipo de viticultura heroica de montanha, reconhecida como Patrimônio da Humanidade; ou o "qvevri", uma tecnologia produtiva de vinhos da Georgia, passada de pai para filho há 8 mil anos, também reconhecida como Patrimônio da Humanidade, como veremos no capítulo 3.

A identidade territorial diferencia e protege marcas e agrega valor cultural, econômico, político e social a produtos e serviços; reforçando a imagem da qualidade e ajudando a valorizar o território, o que atrai turistas e investidores. A imagem positiva do território, por sua vez, valoriza os produtos e os serviços de determinado local, estabelecendo um ciclo virtuoso para a região e a comunidade. Assim, produtos com identidade territorial podem ter o que chamo de duplo branding.

> **Duplo branding**: quando o produto pode ser apresentado ao mercado como **global** (desde que tenha qualidades para competir com concorrentes globais estandardizados) e **local** (porque só ele é fabricado naquele território, com valores específicos), estabelecendo valores de confiança, proximidade e pertencimento, que não estão presentes em produtos globalmente padronizados. Assim, gestores de marcas de produtos com identidade territorial podem usar de maneira inteligente os diferenciais do produto em si (ao afirmar que são tão bons quanto seus similares globais) **somados** aos benefícios de pertencimento comunitário ao território do qual procedem.

O duplo branding é especialmente poderoso em determinados ambientes e mercados, trazendo os seguintes benefícios:

» **Recuperação da autoestima** – em municípios onde a comunidade foi alvo de escândalos políticos públicos, por exemplo, promover a mobilização comunitária em prol de produtos com identidade territorial se torna uma ferramenta muito importante no processo de recuperação da autoestima coletiva.

» **Recuperação dos laços comunitários** – em regiões que sofreram com incidentes de alto impacto coletivo, como incêndios, tormentas, desastres ou epidemias, relembrar os valores do território pode ser importantíssimo, talvez o único fio condutor da identidade coletiva. Um exemplo lembrado por historiadores é que a recuperação do Japão do pós-guerra, a partir de 1945, foi baseada em produtos "made in Japan", produzidos por redes empresariais colaborativas (as empresas eram sócias de outras empresas, fazendo grandes redes de negócios coletivos) e posteriormente exportados, com enorme vantagem competitiva nos mercados globais.

» **Em batalhas protecionistas** – em mercados com altos níveis de protecionismo comercial ou emocional (o que acontece em centenas de regiões e municípios e em quase todos os países, atualmente), o "made in casa" pode ser a mais importante ferramenta de retomada econômica, porque promove também mudanças psicológicas e emocionais.

Além de agregar valor ao produto e a quem o produz, uma estratégia de marketing para produtos com identidade territorial é um mecanismo promotor de desenvolvimento sustentável de base local, porque mobiliza cadeias produtivas locais, gerando emprego e renda para moradores, negócios para empresas e para o poder público do território.

ESTUDOS DE CASO

O localismo como manifestação do duplo branding

"Pensar globalmente e agir localmente", a principal expressão do movimento ecológico mundial, é talvez a afirmação que melhor resume outro conceito, o localismo, que na prática é uma manifestação de duplo branding, na área de comportamento individual e coletivo.

> **Localismo** é um termo utilizado para expor a ideia de um conjunto de tendências relacionadas com os valores locais. Mas, de maneira mais ampla, descreve uma gama de filosofias políticas que apoiam a produção e o consumo de bens do local (como o slow food), o controle local do governo, o comércio justo, a justiça global,

> a preservação ambiental local, o tribalismo, a promoção da história, da cultura e da identidade locais. O localismo é tipicamente um raciocínio que apoia o duplo branding: a escolha é pelo local, mas o valor da escolha, a ação resultante, tem impacto global.

Tendência típica do século XX, o localismo baseou-se em muitas fontes, mas especialmente no pensamento dos economistas Leopold Kohr e E. F. Schumacher, dos escritores Wendell Berry e Kirkpatrick Sale, e até mesmo de Alice Waters, uma militante de movimentos de agricultura orgânica e dona de um restaurante nos Estados Unidos que fez história na imprensa, incentivando pessoas a comprarem somente produtos produzidos localmente.

O movimento slow food, criado pelo italiano Carlo Petrini, em 1986, é talvez hoje a mais bem-sucedida manifestação dessa linha de raciocínio filosófico de agregação de respeito e valor a produtos com identidade local. Vamos contar essa história mais adiante neste livro.

Esse movimento inspirou outra mobilização com foco na gestão pública, também surgida na Itália, o Cittaslow. Criado por Paolo Saturnini quando era prefeito de Greve in Chianti, na Toscana, em 1999, o Cittaslow propõe a melhora da qualidade de vida dos cidadãos com base em propostas vinculadas ao território, ao meio ambiente, ao respeito cultural e ao uso de novas tecnologias, usando como arma o protagonismo comunitário. Entrevistei Paolo Saturnini em Florença e me lembro de um dos princípios mais valorizados pela comunidade: na feira livre da cidade, no centro histórico da vila de Greve in Chianti, é proibido vender produtos que tenham sido produzidos a mais de 40 km de distância!

Real Madrid Futebol Clube, o local que é global

No terreno das emoções, muitas regras da lógica e da teoria precisam ser reavaliadas. O Real Madrid é um dos times de futebol que tem o marketing mais bem conduzido do mundo. E uma de suas características é que, muito embora seja uma equipe de futebol local, é, ao mesmo tempo, global.

Localizado na capital espanhola – onde compete com o Atlético de Madrid –, a partir de meados dos anos 2000, o clube vem fazendo uma verdadeira revolução na gestão e no marketing. Faz parte dessa revolução de marketing a contratação de jogadores de alta qualidade, mas, planejadamente, de vários países diferentes. Aos poucos, o clube transformou seguidores em consumidores e, hoje, é o maior arrecadador de receita em seu segmento – mais de um terço dessa receita vem da venda de produtos e serviços licenciados para fãs do mundo inteiro.

É uma marca global – mas os especialistas garantem que só conseguiu isso exatamente por manter-se fiel à identidade madrilenha: tem uma chancela real no nome que foi concedida pelo rei da Espanha em 1920, seus sócios (ao mesmo tempo torcedores e acionistas) são eminentemente locais e seu estádio contabiliza uma média de torcedores que impressiona analistas.

Graças a conexões emocionais e físicas, o Real Madrid opera em todos as dimensões do conceito de espaço: ele ocupa lugar psicológico (depois da família e do bar da esquina, o estádio é o local onde se encontram os amigos); lugar físico (no estádio há lojas, restaurantes, biblioteca, museu – e futebol!); lugar geográfico (o clube fica no centro da cidade) e lugar virtual (*on-line*), que se transformou em uma mídia proativa e que atende internautas em vários idiomas, com aplicativos que permitem ver jogos, lances e outros elementos criadores de paixão.

O Real Madrid é também um exemplo do ciclo virtuoso estabelecido entre um produto e um território. Veja: a associação com a identidade territorial diferencia e protege marcas e agrega valor cultural, econômico, político e social a produtos e serviços; reforça a imagem de qualidade e ajuda a valorizar o território – o que atrai turistas e investidores. E a imagem positiva do território, por sua vez, valoriza os produtos e os serviços daquele território, estabelecendo um ciclo virtuoso para a região e para a comunidade.

É exatamente o que acontece com o Real e com Madri. Milhões de turistas visitam a cidade a cada ano só para ver o time jogar e injetam gigantesco valor econômico na economia local. O clube patrocina programas para jovens, pessoas carentes e até mesmo para a população prisional – e a Real Madrid Foundation patrocina programas que combinam esportes, educação, saúde e outros valores de cidadania em países da América Central e do Sul, Oriente Médio, África e China. Mais do que fazer turismo, os visitantes levam para casa novas relações emocionais com o clube e com a cidade, que se ampliarão em novos valores e atrairão novos torcedores. E tanto o território quanto o produto saem ganhando.

Eataly, o duplo branding da identidade italiana no mercado internacional

O Eataly é um clássico exemplo de loja que trabalha a identidade territorial da Itália, associada a milhares de produtos e serviços, e de como é possível fazer duplo branding com alto valor e lucratividade.

Com 38 megalojas espalhadas por quatro continentes, a Eataly é a maior rede italiana de supermercados e também a mais criativa, porque compreende uma variedade de restaurantes, alimentos e bebidas, padaria, artigos de varejo e serviços de uma escola de culinária sob o mesmo teto. Parece um shopping center, mas não é. Exatamente por causa disso, o Eataly é a maior e mais bem realizada demonstração do conceito de loja de identidade territorial do mundo.

Por isso, antes de ser supermercado ou loja, restaurante ou escola de culinária, o Eataly é uma experiência italiana – a exportação da identidade territorial da Itália – que fica clara no conceito de negócio: "reunir todos os alimentos italianos de qualidade sob o mesmo teto, um lugar onde é possível comer, comprar e aprender". Porque a Itália é um país onde a gastronomia faz parte de sua cultura, a culinária italiana é uma verdadeira instituição e os italianos gostam de comer, muito, sempre e bem.

As lojas oferecem inúmeros produtos italianos, desde alimentos a utensílios de cozinha, livros de culinária e opções de comida dentro de um mesmo espaço. Tudo natural e fresco. Como diz um cartaz afixado nas lojas: "a única coisa congelada aqui é nosso sorvete". O lema é "cozinhamos o que vendemos e vendemos o que cozinhamos", indicando que tudo pode ser consumido no local ou levado para casa.

O Eataly foi fundado por Oscar Farinetti, um empresário antes envolvido com o comércio de eletrônicos e colaborador do slow food. Em janeiro de 2007, Farinetti converteu uma fábrica de vermute que estava fechada em Lingotto, Turim, na primeira unidade do Eataly, com 3 mil metros quadrados. A marca "Eataly" foi criada por Celestino Ciocca, um consultor de estratégia de marca, para identificar exatamente a proposta empresarial, que era de "comer a Itália" – mas em inglês, por ser um idioma de negócios internacional.

Aliás, depois do Japão, em 2009, a segunda loja fora da Itália foi aberta em 2010, no coração de Nova Iorque, Estados Unidos, conhecida por sua grande comunidade italiana e que teve até mesmo um prefeito nascido na Toscana, Rudolph Giuliani, criador do programa de tolerância zero que limpou a cidade das gangues de bandidos. Mas, antes de chegar lá, a Eataly inaugurou unidades da rede em território italiano – Bolonha (2008), Pinerolo (2009) e Asti (2009); seguida de duas lojas no Japão.

A partir de uma parceria com o grupo St. Marche, em maio de 2015, o Eataly inaugurou sua primeira unidade na América Latina, no bairro do Itaim Bibi, em

São Paulo, onde vive a maior comunidade de italianos fora da Itália. A loja tem 4.500 metros quadrados, divididos em três andares, onde existem 13 pontos de alimentação, com mais de 7 mil produtos italianos ou de produtores locais, que seguem as receitas tradicionais.

Slow food: 1.500 grupos locais influenciando boas práticas em 160 países

A rede internacional do movimento slow food é um clássico exemplo de duplo branding, porque se mobiliza para valorizar a identidade territorial de produtos na escala local – conta com mais de 100 mill associados, em 150 países (SLOW FOOD BRASIL, 2012) e influencia e apoia a implementação de boas práticas na alimentação em âmbito global – em muitos países, gerando políticas públicas nacionais de grande importância.

O slow food (em tradução livre "comida lenta") é um movimento criado e mantido por uma rede de organizações não governamentais que tem como objetivo valorizar os produtos alimentícios, seus produtores e o ambiente no qual são produzidos, com base em medidas como maior apreciação da comida, melhora da qualidade das refeições, proteção de espécies locais de animais, de frutas, de grãos e de raízes de extinção e manipulação genética. O movimento defende um alimento bom, justo e limpo, comercializado a preços justos para o produtor e para o consumidor, e respeitando o meio ambiente. O primeiro grupo de slow food foi fundado, em 1986, pelo italiano Carlo Petrini e a sede internacional do movimento localiza-se em Bra, na Itália.

O movimento opera localmente e globalmente com diferentes instituições de âmbito internacional, como a Organização das Nações Unidas para a Agricultura e a Alimentação (FAO), além de prestar consultoria e estabelecer parcerias com diferentes governos mundo afora. Localmente, há líderes que organizam oficinas e cursos, além de apoiar campanhas da Slow Food International. É voz ativa em temas relacionados à agricultura e ecologia, discutindo e apresentando publicamente manifestos como a Declaração de Puebla, o Documento da Terra Madre Indígena, o Manifesto pela Educação, etc.

Entre os principais projetos do movimento slow food estão:

» a Arca do Gosto, um catálogo mundial sobre sabores quase esquecidos de produtos ameaçados de extinção, com potenciais produtivos e comerciais reais;

» as Fortalezas, projetos em que se desenvolve a qualidade dos produtos nos territórios, em conjunto com pequenos produtores, técnicos e entidades locais;
» a Fundação Slow Food para Biodiversidade, defendendo a biodiversidade alimentar e tradições gastronômicas em todo o mundo;
» a Comunidade do Alimento, constituída por todos os que atuam no segmento do agroalimento, prezando pela qualidade e a sustentabilidade das suas produções;
» Terra Madre, o encontro mundial das comunidades do alimento.

No Brasil atualmente existem 65 convívios em todo o país, mais de 180 produtos na Arca do Gosto e 16 Fortalezas, conforme informa o website institucional do Slow Food Brasil.

3. Certificação de produtos e territórios

CERTIFICAÇÕES DE ORIGEM

O que diferencia e caracteriza produtos parecidos entre si, como uma tequila do México, um pisco do Peru e uma cachaça do Brasil? Por que a maioria das pessoas tende a confiar na qualidade de produtos industriais da Alemanha, em produtos de tecnologia do Japão e em novidades de tecnologia da informação do Vale do Silício, nos Estados Unidos? Por que se imagina que, para ser o melhor do mundo, um charuto precisa ser produzido em Cuba e que um tapete deve ser turco? E por que o mármore de Carrara custa mais do que os outros?

A resposta é simples: com base na indiscutível qualidade final – ou por causa da qualidade – e dos insumos, matérias-primas e ambiente produtivo exclusivos, esses produtos construíram uma identidade própria, ligada ao território e à comunidade onde foram produzidos, que se tornou conhecida e respeitada em todo o mundo, até mesmo por não consumidores desses produtos. E essa identidade é tangibilizada por meio de uma certificação de origem, agregando valor cultural, social e econômico.

Para garantir que esses produtos não sejam falsificados em seu conteúdo ou produzidos em outros locais onde os ingredientes não são os mesmos e não levarão ao resultado esperado, foi criada uma certificação, um processo que atesta a origem e a matéria-prima, o que garante proteção industrial e mercadológica.

Certificações de origem pressupõem a delimitação do território de produção ou coleta, dos sistemas e dos métodos de elaboração das matérias-primas (como as gramíneas que as vacas da região do rio Pó comem para gerar o leite dos queijos parmigianos ou as bolotas que caem de árvores e são comidas pelos porcos pretos, que geram o presunto Pata Negra), das práticas culturais ou dos processos produtivos, da uniformização e rigidez do controle de qualidade e de outros elementos que permitam caracterizar a origem territorial do produto ou processo.

Havendo uma gestão correta e adequada desses aspectos, a identidade territorial associada a esses produtos pode ser o principal elemento construtor da imagem de marca – como veremos a seguir.

A principal metodologia para a certificação da origem de um produto – aceita globalmente pela maioria dos países integrantes da Organização Mundial do Comércio (OMC) e também por tratados internacionais – é regulamentada por um processo chamado genericamente de indicação geográfica. O estatuto das indicações geográficas é uma prática antiga e uma realidade global integrada a mecanismos de defesa comercial desde os anos 1970 na Europa, quando a União Europeia decidiu uniformizar um sistema de qualificação e etiquetagem de seus produtos e territórios, e na América Latina mais recentemente, por meio de regulamentações, como o Acordo Trips, da OMC. Na maioria dos países, e também no Brasil, são realizados dois tipos (ou níveis) de indicações geográficas: a denominação de origem e a indicação de procedência.

O que é uma denominação de origem (DO)

Em nosso país, pela Lei de Propriedade Industrial nº 9.279/96, denominação de origem é o "nome geográfico de país, cidade, região ou localidade de seu território, que designe produto ou serviço cujas qualidades ou características se devam exclusiva ou essencialmente ao meio geográfico, incluídos fatores naturais e humanos" (BRASIL, 1996).

As denominações de origem são definidas por regras internacionais, no contexto da OMC e/ou por regulamentos da comunidade europeia ou de países, indicando que é um produto específico de uma determinada região ou local, e cuja qualidade e características se devem essencial ou exclusivamente ao ambiente geográfico e cultural, e cuja produção, transformação e elaboração é feita na área geográfica delimitada.

São exemplos de produtos brasileiros com denominação de origem: vinhos do Vale dos Vinhedos, camarões da Costa Negra do Ceará, café do Cerrado Mineiro e arroz do litoral norte gaúcho.

> **Como se organizam as denominações de origem**
>
> Para o seu desenvolvimento em termos de qualificação, representatividade e mercado, as certificações de origem necessitam da harmonia e do equilíbrio dos atores sociais do território, como produtores, sindicatos patronais e de trabalhadores, técnicos especializados, representantes de cooperativas e associações profissionais, representantes do poder público.
>
> Esses atores, reunidos em um conselho de desenvolvimento e regulação da denominação de origem, têm como principais funções:
>
> » representar institucionalmente o território e sua expressão, sua respectiva denominação de origem "XXX";
> » coordenar, orientar e fiscalizar a produção, a elaboração, a comercialização e a distribuição dos produtos certificados;
> » expedir e controlar os certificados de origem e os selos de garantia;
> » executar o plano de ação, de marketing e de comunicação;
> » fiscalizar o mercado para conter falsificações. (Inpi, 2018)

O que é uma indicação de procedência (IP)

A mesma Lei de Propriedade Industrial nº 9.279/96 define a indicação de procedência como "o nome geográfico de país, cidade, região ou localidade de seu território, que se tenha tornado conhecido como centro de extração, produção ou fabricação de determinado produto ou de prestação de determinado serviço" (BRASIL, 1996).

Na Europa, a indicação de procedência é atribuída a produtos ou serviços característicos do seu local de origem (tradicionais), apresentando qualidade única, em virtude dos recursos naturais disponíveis, como solo, vegetação, clima e tecnologia (*know-how* ou *savoir-faire*).

São exemplos de produtos brasileiros com indicação de procedência: erva-mate de São Matheus, uvas finas de mesa de Marialva, ambos no Paraná, e mel de abelhas do oeste do Paraná.

Diferenças entre denominação de origem e indicação de procedência

O quadro a seguir compara características entre duas indicações geográficas, apontando suas principais diferenças.

Quadro 1. **Denominação de origem x indicação de procedência**

Itens	Denominação de origem	Indicação de procedência
Meio natural	O meio geográfico marca e personaliza o produto; a delimitação da zona de produção é indispensável.	O meio geográfico não tem necessariamente uma importância especial, e o nome geográfico pode referir-se à origem do produto, à localização da cantina ou ao local de engarrafamento.
Renome/ prestígio	Indispensável.	Não necessariamente indispensável.
Uniformidade da produção	Mesmo existindo mais de um tipo de produto, eles estão ligados por certa homogeneidade de características.	Pode ser aplicada a um conjunto de produtos de características diferentes, que tenham em comum apenas o lugar de produção, o centro de distribuição ou o local de engarrafamento.
Regime de produção	Há regras específicas de produção e características qualitativas mínimas dos produtos.	Não existe uma disciplina de produção à qual devam ser submetidos os produtos; existe apenas uma disciplina de marca.
Constância das características	Os produtos devem conservar um mínimo de qualidade e uma certa constância nas suas características.	Não implica um nível de qualidade determinada nem da constância de características.
Volume de produção	Há um limite de produção por hectare, que tem relação com a qualidade do produto.	Não existe limite de produção.

Fonte: Inpi (2018).

HISTÓRIA E DESENVOLVIMENTO DAS INDICAÇÕES GEOGRÁFICAS

Ao longo dos séculos, a Europa tem utilizado o mecanismo das indicações geográficas como uma importante ferramenta de valorização de seus produtos tradicionais. Sabe-se, por registros diversos, que é muito antigo o costume de designar os produtos com o nome do lugar de sua fabricação ou de sua colheita, ou até mesmo de seu ponto de comercialização, como um produto da Rota da Seda. A Bíblia sagrada registra a existência de vários tipos de vinhos, como o "vinho de Samaria", o "vinho de Carmelo" ou o "vinho de Jezreel". Outro exemplo: o queijo roquefort é conhecido com o nome de seu local de origem, uma cidadezinha com menos de setecentos moradores de Roquefort-sur-Soulzon, do departamento de Aveyron, sul da França, desde o século XIV. Na verdade, muitas pessoas também já foram denominadas conforme o seu local de origem, talvez porque essa fosse a melhor referência disponível. Assim, a história registra, por exemplo, a existência de Átila, o Huno; Isabel de Castela; Leonardo da Vinci; e Jesus da Galileia.

A União Europeia é, tradicionalmente, uma grande produtora de produtos com valores associados aos territórios, como queijos, embutidos, azeites, doces, frios, tecidos e, especialmente, vinhos de qualidade, sendo a maior produtora do mundo.

A primeira denominação de origem de vinhos do mundo foi atribuída em 1730 em Tokaj-Hegyalja, no Império dos Habsburgos, hoje Hungria, região atualmente reconhecida como Patrimônio da Humanidade pela Unesco. Pouco tempo depois, em 1756, o sistema foi formalizado em Portugal pelo Marquês de Pombal para proteger o vinho do Porto de possíveis fraudes. Aliás, o vale do Douro Superior, região produtora desse vinho protegido, também foi reconhecido como Patrimônio da Humanidade. Os europeus usam a indicação geográfica como meio para defender seus produtos e mercados, porque surgem diariamente novos produtores em todos os continentes.

Como exemplos de sistemas de proteção da identidade de seus vinhos estão regiões como as do Porto e Dão (em Portugal); Bordeaux, Borgonha, Provença e Champagne (França); La Rioja, Ribeira Del Douro, Galicia e Ribeiro (Espanha); Sarre, Mosela e Franken (Alemanha); Sicília, Puglia e Toscana (Itália), entre outras.

> **Qual o valor da identidade para os brasileiros?**
>
> A identidade territorial de um produto ou serviço é importante não apenas sob o ponto de vista social e cultural, mas também e especialmente sob o ponto de vista econômico. Segundo o jornal *O Estado de S. Paulo*, isso ficou definitivamente claro a partir de 2017, na mesa de negociação entre a União Europeia e o Mercosul pela abertura de mercados no âmbito da Organização Mundial do Comércio (OMC). Trezentos e quarenta e oito produtos brasileiros poderão ser proibidos de entrar no mercado europeu, em especial os alimentícios, com nomes que identificam territórios europeus e que são protegidos por legislação internacional, como queijos parmesão, gorgonzola e brie, mortadela de Bologna, presunto de Parma, conhaque, champanhe e outros.
>
> O Brasil é obrigado a aceitar essa decisão e negociar com a União Europeia, porque é signatário de acordos internacionais, como o *Acordo sobre aspectos de direito de propriedade intelectual relacionados com o comércio (Acordo Trips)*, parte do Acordo de Marrakesh no âmbito da OMC, de 1994. E essas regras ficaram ainda mais exigentes a partir da Cúpula da Organização Mundial do Comércio de Cancún (2003), quando a União Europeia defendeu a adoção de regras bastante precisas para regulamentar a rotulagem de origem de alimentos e bebidas como indicações geográficas, principalmente das regiões produtoras de vinhos e de queijos.
>
> Em um novo *front* de disputas, a China também prepara uma lista semelhante à da União Europeia, com cerca de 100 itens, que deverá ser apresentada ao Brasil em breve. (NAKAGAWA, 2017)

Indicações geográficas no Brasil

A proteção das indicações geográficas deveria ser considerada de valor estratégico para o Brasil, porque, além da grande diversidade étnica e cultural, nós temos sete biomas – Amazônia, Cerrado, Mata Atlântica, Caatinga, Pampa, Pantanal e Bioma Marinho, este último ainda não reconhecido formalmente como tal –, que são territórios com potencial de gerar produtos com identidade própria (fauna e flora).

Embora a indicação geográfica seja um conceito valorizado pelos consumidores brasileiros de maior renda que preferem comprar produtos importados, como queijos, vinhos e frios classificados, é praticamente desconhecida tanto pelos produtores e comerciantes quanto pela maioria dos consumidores. Isso leva a situações como as que estão sendo discutidas com a União Europeia na mesa de negociações pela abertura de mercados, no âmbito da OMC.

Em outubro de 2018, o IBGE publicou o Mapa das Indicações Geográficas do Brasil. Preparado em parceria com o Inpi, o documento traz informações sobre os produtos com selos de indicação geográfica, localizando as regiões de origem de produtos e serviços certificados por indicação de procedência e/ou denominação de origem.

Pelo mapa, atualmente, são 58 as indicações geográficas já formalmente certificadas no Brasil. O camarão da Costa Negra (CE) e as rendas de Divina Pastora (SE) e do Cariri (PB) são alguns exemplos de produtos com indicações geográficas homologadas, assim como as cachaças de Paraty (RJ), Salinas (MG) e Abaíra (BA); o artesanato em estanho de São João del Rei (MG); as opalas e joias artesanais de Pedro II (PI); o mel do Pantanal (MT/MS) e de Ortigueira (PR); a própolis vermelha dos manguezais de Alagoas e as panelas de barro de Goiabeiras (ES), entre outros. Em relação aos vinhos, são seis as indicações de procedência apontadas: Vale dos Vinhedos, Farroupilha, Monte Belo, Pinto Bandeira, Altos Montes e Vales da Uva Goethe – também foi concedida a Vale dos Vinhedos uma denominação de origem (IBGE, 2018).

Um patrimônio a ser valorizado

O Brasil ainda é pequeno no que se refere à valorização de seus produtos com identidade territorial, embora sejamos uma economia gigante, uma das dez maiores do planeta (FMI, 2017 *apud* IPRI, 2017). Mas esse problema pode também ser visto como uma oportunidade. O Brasil é um país jovem e nossa economia, embora grande e diversa, ainda está baseada na exportação de *commodities* e produtos primários, como minério de ferro, soja, carnes, açúcar e petróleo (MDIC, 2017 *apud* DC LOGISTICS BRASIL, 2017). Países com grande tradição na valorização de seus produtos com identidade territorial, como França, Alemanha, Espanha e Portugal, têm muito mais experiência de mercado do que o Brasil.

Nosso país, porém, está a caminho, com ótimos queijos diferenciados ganhando prêmios internacionais, como o queijo canastra – uma denominação de origem em consolidação, e considerado patrimônio cultural imaterial brasileiro –, que já em 2008 conquistou a medalha de prata no concurso Mondial du Fromage de Tours (Salão Mundial do Queijo), na França, competindo com mais de seiscentos queijos de 23 países.

Outra razão dessa diferença é que os países europeus foram formados por comunidades independentes que tinham suas próprias culturas e gastronomia, os antigos feudos, vilas, regiões e castelos, que tinham vida própria. Já o Brasil foi colonizado por imigrantes de maneira quase homogênea em todas as suas regiões, e sempre com a visão do colonizador (português, espanhol, holandês e francês) de retirar os recursos da colônia, não de desenvolvê-la. Os moradores originais do território brasileiro, cerca de 5 milhões de indígenas, não tiveram sua cultura valorizada pelos colonizadores europeus – e, atualmente, os mais de 800 mil indígenas pertencentes a 305 etnias, com 274 línguas e dialetos distintos (IBGE, 2010), ainda continuam esperando que os brasileiros valorizem sua cultura ancestral, que provavelmente inclui centenas de potenciais produtos com identidade territorial, como ficou claro com a rápida internacionalização do açaí e a iniciativa de uma empresa japonesa de registrar a marca, provocando uma enorme discussão mercadológica de caráter ético (BRASIL..., 2007).

No Brasil, apenas pequenas regiões tiveram uma maior incidência de determinada etnia e cultura, e isso se reflete na valorização de seus produtos coloniais e patrimônios culturais preservados, entre eles, o idioma talian.

Mas a notícia boa é que temos um grande potencial no que se refere a alimentos com identidade própria, por causa da diversidade de biomas, cultural e étnica que apresentamos neste século XXI – inclusive de nossos indígenas. E nossa legislação ajuda a proteger qualquer investimento nesse sentido.

O tratamento jurídico dado aos produtos e serviços com identidade territorial está alinhado ao que é feito em países do Velho Mundo – tanto no que se refere à legislação interna do país quanto ao alinhamento com tratados internacionais de respeito mútuo a regras de mercado.

O artigo 216 de nossa Constituição diz que "constituem patrimônio cultural brasileiro os bens de natureza material e imaterial, tomados individualmente ou em conjunto, portadores de referência à identidade, à ação, à memória dos diferentes grupos formadores da sociedade brasileira, nos quais se incluem as formas de expressão; os modos de criar, fazer e viver; as criações científicas e tecnológicas; os conjuntos urbanos e sítios de valor histórico, paisagístico, artístico, arqueológico, paleontológico, ecológico e científico" (BRASIL, 1988), devendo o Poder Público, com a colaboração da comunidade, promover e proteger esse patrimônio.

Pois a proteção obtida pelo estatuto da indicação geográfica (Lei 9.279/96 e instrução normativa nº 25/2013) promove justamente a proteção dos bens naturais por meio do uso sustentável e a proteção dos bens materiais, evitando a apropriação pelo estrangeiro, e a garantia dos modos de criação, produção e vida locais, preservando a herança cultural daquela localidade. Logo, a indicação geográfica cumpre com a função social da manutenção da propriedade e com a proteção constitucional.

Mas o uso pleno desse recurso de mercado para alavancar o desenvolvimento de produtos com identidade local exige mais do que legislação: é necessário proatividade, inteligência, gestão e fiscalização para agregar valor econômico a essa proteção – e isso é feito com ferramentas de marketing e comunicação (ver capítulos 2 e 4 deste livro).

Cambuci, a fruta com identidade paulistana que está recuperando um território

O cambuci (*Campomanesia phaea*) é uma árvore frutífera nativa da Mata Atlântica, com flores brancas e folhas pequenas e brilhantes, que quase chegou à extinção por ter uma madeira de excelente qualidade para a fabricação de ferramentas, pelo desmatamento decorrente do crescimento urbano das cidades e também pelo desinteresse de cultivo, porque sua fruta, o cambuci, é ácida como o limão e desagradável para ser comida *in natura*. Originalmente abundante no Rio de Janeiro, onde inclusive deu nome a uma cidade, e na gigantesca cidade de São Paulo – nomeando um de seus bairros mais tradicionais – o nome cambuci é de origem indígena e se deve à forma de seus frutos, parecidos com os potes de cerâmica, que recebiam o mesmo nome.

Pois o cambuci quase desapareceu: escapou de entrar na lista de árvores em risco de extinção com a descoberta de seu potencial econômico para a produção de sucos, geleias, sorvetes, licores, mistura em bebidas alcoólicas, musses e bolos. Parente da goiaba e da pitanga, embora azedo no sabor natural, o cambuci tem um perfume intenso, adocicado e é muito rico em vitamina C. A recuperação da árvore e da fruta se deve, entre outras causas, a um programa, criado há dez anos, que apostou no potencial gastronômico do cambuci. O programa combina o desenvolvimento de receitas por *chefs* conhecidos; a participação em festivais gastronômicos; um arranjo produtivo sustentável (APS), para agregar valor agrícola; eventos turísticos e pesquisas feitas por uma rede de pesquisadores e técnicos.

Além de tema de pesquisas científicas e da preferência de gastrônomos, o cambuci virou festa com o desenvolvimento de roteiros turísticos da Rota Gastronômica do Cambuci, conjunto de eventos comunitários realizados em parceria com uma dezena de municípios do cinturão verde da Grande São Paulo: São Paulo, Rio Grande da Serra, Santo André, Mogi das Cruzes, São Lourenço da Serra, Salesópolis, Paraibuna, Ribeirão Pires, Bertioga e Caraguatatuba.

Para maior repercussão, cada município realiza seu evento de valorização do cambuci em uma data particular, de interesse comunitário, e assim milhares de pessoas podem conhecer e degustar o cambuci em suas múlltiplas receitas. O sucesso tem sido tão grande que atualmente muitas dessas cidades querem ser conhecidas como a capital do cambuci.

Mas além de mobilizar comunidades em torno do conhecimento e do consumo do cambuci, também investe-se no ecomercado, visando apoiar a produção agroecológica e o comércio justo da fruta e em ações paralelas de comercialização. Com alguns anos de trabalho, a produção do cambuci está demonstrando que possui um grande potencial para a geração de renda, aliada à preservação de recursos naturais, como a água, a fauna e a floresta. Atualmente, um único pé adulto de cambuci pode chegar a uma safra de 200 kg e o valor de venda do fruto pelo produtor rende em média R$ 5,00/kg.

Os resultados têm sido consistentes e o aumento de produção é um indicador seguro: de um consumo de 7 toneladas em 2014, a procura foi de 13 toneladas em 2015, 40 toneladas em 2017 e tem projeção de 80 toneladas em 2018. (RUSCHEL, 2018b)

LEGISLAÇÃO DAS CERTIFICAÇÕES NO BRASIL

A Lei 9.279/96 criou as IPs e as DOs, sob a designação geral de indicações geográficas. Segundo o art. 2º dessa Lei:

> A proteção dos direitos relativos à propriedade industrial, considerado o seu interesse social e o desenvolvimento tecnológico e econômico do País, efetua-se mediante:
> I – concessão de patentes de invenção e de modelo de utilidade;
> II – concessão de registro de desenho industrial;
> III – concessão de registro de marca;
> IV – repressão às falsas indicações geográficas; e
> V – repressão à concorrência desleal.
> (BRASIL, 1996)

Ainda de acordo com a Lei 9.279/96, art. 179, a proteção se estende também à representação gráfica ou figurativa da indicação geográfica (BRASIL, 1996).

O papel do Inpi

No Brasil, o processo oficial de solicitação e registro de indicações geográficas (tanto as indicações de procedência como as denominações de origem) estabelecido pela Lei 9279/96 é uma responsabilidade do Instituto Nacional de Propriedade Privada, como já mencionado.

Não é fácil e pode ser custoso obter uma indicação geográfica. Para você ter uma ideia, veja a seguir o que é necessário para o pedido de registro de indicações geográficas, de acordo com a instrução normativa nº 25/2013:

> I - requerimento no qual conste:
> a) o nome geográfico;
> b) a descrição do produto ou serviço;
> II - instrumento hábil a comprovar a legitimidade do requerente, na forma do art. 5º;
> III - regulamento de uso do nome geográfico;
> IV - instrumento oficial que delimita a área geográfica;
> V - etiquetas, quando se tratar de representação gráfica ou figurativa da denominação geográfica ou de representação geográfica de país, cidade, região ou localidade do território, bem como sua versão em arquivo eletrônico de origem;
> VI - procuração, se for o caso, observado o disposto nos arts. 20 e 21; e
> VII - comprovante do pagamento da retribuição correspondente.
> (BRASIL, 2013)

Para obter mais detalhes sobre as documentações necessárias para o registro das IGs, acesse o site do Inpi: www.inpi.gov.br.

PRODUTOS AGRÍCOLAS COMO ATIVOS DE PATRIMÔNIO

A gastronomia, com técnicas sofisticadas de pesquisa e preparo de alimentos, tornou-se uma mania nos dias de hoje. Se você estiver em qualquer país e se postar na frente da televisão com o controle remoto, muito provavelmente vai encontrar pelo menos um programa com concursos de culinária ou preparo de receitas; hoje em dia, todo mundo parece que quer ser *chef*, inclusive as crianças.

A evolução cultural que hoje envolve a percepção de alimentos se expressa na orientação de consumo para produtos com qualidade e equilíbrio nutricional; e, em particular, para aqueles de valor territorial – isto é, produtos típicos, coloniais, saudáveis e, se possível, com uma identificação da origem. Os produtos assumem então o papel de ícones da ruralidade e estabelecem uma ponte entre o homem urbano e seu território rural de origem, mediada pela alimentação saudável.

A qualidade das matérias-primas é uma variável fundamental no mercado competitivo dos alimentos e da restauração, em particular. Nesse contexto, os alimentos ligados a uma origem territorial que os torna típicos, diferenciados e inimitáveis geralmente são considerados portadores de uma vantagem competitiva para o gastrônomo, que realmente pode atribuir preços aos produtos com maior valor agregado. Em alguns mercados de bebidas, como os vinhos, as cachaças, as tequilas, os uísques e os licores, o território é certamente o principal componente de identidade. Essa é a razão pela qual os produtores e os *chefs*, em seus programas de televisão, tendem a enfatizar o vínculo entre suas produções e o lugar de origem dos produtos. E, para fazer isso, muitas vezes eles se apoiam em documentação externa, como um atestado de slow food, uma certificação oferecida por uma denominação de origem ou uma certificação de procedência.

> **Quantidade também aumenta o preço**
>
> As restrições geográficas e de tipos de uva de um produto com indicação geográfica agregam uma vantagem adicional, ao estabelecer um limite de produção – e um consequente limite de presença no mercado. Essa oferta controlada ou limitada contribui para que o preço de vinhos e champanhes franceses fique mais elevado, acima dos produtos similares vindos de outros países que não têm controle de volume de produção, mesmo tendo qualidade semelhante.

Terroir, a identidade edafoclimática de um território

Terroir é uma terminologia francesa criada para auxiliar a avaliação e denominação de vinhos, mas que pode ser utilizada para outros produtos. A expressão foi adotada sem tradução pelos países associados à Organização Internacional da Vinha e do Vinho (OIV) e tem o mesmo sentido em qualquer lugar do mundo. Terroir é oficialmente definido pela OIV como:

> [...] um conceito que se refere a um espaço sobre o qual se desenvolve um saber coletivo de interações entre um meio físico e biológico identificável e as práticas vitivinícolas aplicadas nele, que conferem características distintas aos produtos originários desse espaço. O terroir inclui características edafoclimáticas específicas, que incluem tipologia do solo, topografia e sua orientação solar, clima, regime de chuvas e ventos, paisagem e biodiversidade. (OIV, 2010)

A palavra *terroir* deriva do latim vulgar *terratorium*, que por sua vez é proveniente do latim clássico *territorium*. Na geografia francesa, terroir é um conceito cultural e identitário, referente ao conjunto de terras exploradas por uma coletividade rural, constituída por relações familiares, tradições comuns e laços de solidariedade.

Para os franceses, o terroir, mais ainda do que o território no qual está "assentado", é um patrimônio inigualável. Por essa razão, as mudanças climáticas e o consequente aquecimento global são um desastre econômico de grande monta, porque modificam muitas dessas condições edafoclimáticas do milenar terroir francês.

Vinho e identidade territorial

O vinho é uma bebida (ou alimento, como considerado em muitos países) que tem uma dimensão cultural que engloba não só a cultura da vinha, mas também o território onde as uvas são cultivadas e sua essência, já que o vinho está na memória mítica do ser humano e são frequentes, em todas civilizações, histórias, lendas e mitos envolvendo homens, deuses, o território e o vinho.

A relação do vinho com a história do homem foi estabelecida desde o início dos tempos. Na Bíblia Sagrada dos cristãos católicos, por exemplo, o vinho ocupa um lugar primordial, porque é produto de primeira necessidade, representando um significado religioso profundo: o sangue de Cristo. Na Bíblia, termos que se referem ao vinho aparecem mais de sessenta vezes, em diversas situações, do cotidiano (como festas familiares) a eventos formais (como a Santa Ceia, com os doze apóstolos, e casamentos) e lá são citados vinhos já com uma indicação geográfica, como o "vinho de Samaria", o "vinho de Carmelo", o "vinho de Jezreel".

O vinho está presente em celebrações festivas com a família e com os amigos. Antes disso, na própria vinícola, ele pode se transformar em algo festivo. Um bom exemplo aproveitado pelo turismo é a vindima, que, mesmo que se utilizem máquinas como parte do processo da colheita das uvas e seja um trabalho cansativo, pode ser animada e descontraída o suficiente para que turistas participem colhendo, carregando, cantando e até mesmo amassando uvas com os pés, técnica que ainda persiste em algumas quintas do Vale do Douro, em Portugal.

Por todos esses aspectos associados à herança cultural da comunidade, às características organolépticas específicas do terroir, às características da uva e da indicação geográfica do vinho é que a bebida é protagonista de tantos interesses, que começam na proteção de sua identidade territorial (só na Europa existem 1.043 denominações de origem!) e continuam na dimensão do enoturismo (turismo baseado em atrações ligadas ao vinho), o que não ocorre com outros produtos agrícolas. E o enoturismo já representa um segmento de alto valor na indústria do turismo, como veremos no capítulo 4.

EUROPA: 1.043 DENOMINAÇÕES DE ORIGEM DE VINHOS

A partir da década de 1970, a Europa definiu coletivamente e adotou um sistema de qualificação e etiquetação de seus territórios, visando relacionar o produto ao território e aos produtores, identificados por características semelhantes em seus processos de produção. Embora aplicado a produtos como queijos, frios, doces, têxteis e outros, o modelo mais completo e importante do sistema de indicações geográficas da Europa é aquele aplicado ao universo dos vinhos. Embora com algumas diferenças, mais de trinta países adotam uma plataforma similar de avaliação.

Diferentes fontes informam dados variados, mas um levantamento das indicações geográficas preparado em 2017 com critérios independentes pela organização Wine Australia, do Governo da Austrália, identificou cerca de 1.043 Denominações de Origem consideradas de qualidade em regiões vinícolas em vinte países. Algumas regiões podem ter sub-regiões que na lista a seguir não foram consideradas:

Quadro 2. **Número de regiões vinícolas com denominações de origem na Europa**

Países	Vinhos de qualidade	Vinhos de mesa
Alemanha	14 (com muitas sub-regiões)	33
Áustria	23	4
Bélgica	4	2
Bulgária	51	2
Chipre	6	4
Eslováquia	6 (com muitas sub-regiões)	
Eslovênia	16	3
Espanha	62	42
França	312	161 (vin de pays)
Grécia	23	94
Hungria	23 (com muitas sub-regiões)	-
Itália	362	102
Luxemburgo	-	36
Malta	1	2
Portugal	35 (com muitas sub-regiões)	11
Reino Unido	2	36
República Tcheca	2	2
Romênia	28	6

Fonte: Wine Australia (2017).

Essas 1.043 denominações de origem e outras que talvez não tenham sido listadas estão presentes em milhares de municípios, e pelo menos uma parte deles se uniu em uma rede para a promoção dos produtos e defesa dos seus interesses, formando a Rede Europeia de Cidades do Vinho (Recevin). A Recevin representa oitocentas cidades de toda a Europa que têm atividade vinícola de grande relevância econômica, social e cultural, por meio de associações nacionais de cidades do vinho que existem na maioria dos onze países-membros da rede: Alemanha,

Áustria, Bulgária, Eslovênia, Espanha, França, Grécia, Hungria, Itália, Portugal e Sérvia.

Entre as propostas para seu mandato, o presidente eleito para o período 2017/2019, o português José Calixto, afirmou em sua posse que pretende "estabelecer uma estrutura de acesso aos fundos comunitários, constituir as Rotas do Vinho da Europa e trabalhar o enoturismo com todos os parceiros europeus, criar uma rede de Museus do Vinho da Europa e uma grande base de dados dos territórios vinhateiros da Europa" (Ruschel, 2016b). Parte disso já existe.

Certificações na França, Espanha e Portugal

França

O país de maior tradição com denominações de origem é a França, que conta com um sistema de indicações geográficas que é parte do patrimônio nacional por sua importância estratégica, econômica, cultural, histórica, sociológica e ambiental. No século XVIII surgiu a primeira appellation d'origine, Châteauneuf-du-Pape. Porém, apenas em 1935 foi aprovado o sistema jurídico para as indicações geográficas e criado o Institut National de l'Origine et de la Qualité (INAO), vinculado ao Ministério de Agricultura e da Pesca, responsável pela gestão das indicações geográficas.

Os vinhos certificados como appellation d'origine contrôlée (AOC) são produzidos em terroirs delimitados e têm que atender a normas de produção muito estritas, definidas por decreto. Determina a tradição – e também parte da legislação – que os vinhedos tenham condições específicas de volume de uvas produzidas, e que os vinhos estabeleçam um grau mínimo de conteúdo alcoólico e condições de envelhecimento. São mais de quatrocentos vinhos de denominação de origem controlada na França, mas entre os AOCs ainda se encontra uma subclassificação orientada para o mercado, que classifica os vinhos como supérieur, premier cru, deuxième cru, cru bourgeois e outros, na região de Bordeaux, ou os crus e grand crus, na Borgonha.

Espanha

Na Espanha existem 62 regiões certificadas como denominações de origem para vinhos de qualidade, 59 para pequenas denominações de origem e outras 42 denominações para vinhos de mesa. A Espanha está entre os três maiores produtores, exportadores e também um dos maiores consumidores de vinho do mundo, e a grande quantidade dos vinhos elaborados nesse país está protegida por um sistema próprio, o qual garante a qualidade do produto elaborado e a ligação a um território produtor.

A Conferência Espanhola de Conselhos Regionais Vitivinícolas (CECRV), associação que representa suas DOs, realizou dia 8 de março de 2018 sua XXI Assembleia Geral anual e decidiu, entre outras ações de valorização de seu patrimônio, intensificar o **Día do Movimiento Vino D.O**. Essa iniciativa, pioneira na Europa, congrega uma série de manifestações artísticas em todo o país, incluindo a veiculação em emissoras de TV de vídeos gravados voluntariamente por artistas e mobilização na web e redes sociais. O Movimiento Vino D.O. tem como objetivo valorizar a origem e ajudar a criar novos consumidores, especialmente entre os jovens, para que considerem a cultura do vinho como algo contemporâneo e do estilo de vida e da cultura da Espanha.

Além disso, a Espanha é o único país do mundo que mantém uma associação de Pequenas Denominações de Origem da Espanha, uma rede que congrega centenas de pequenos produtores de 59 regiões vinícolas de pequeno porte no país. Todas as adegas são certificadas por um padrão de qualidade similar ao das grandes DOs, e os vinhos participam de competições, disputando prêmios internacionais.

Portugal

Segundo a organização oficial Wines of Portugal, Portugal classifica seus vinhos em três grandes categorias:

» **DOC ou DOP** – Para seus vinhos mais qualificados, Portugal utiliza as denominações DOC (denominação de origem controlada) e a pan-europeia DOP (denominação de origem protegida). Portugal tem 31 DOCs e DOPs e cada uma dessas denominações tem delimitações geográficas estritamente definidas. Os regulamentos DOC também estabelecem uma quantidade máxima de colheitas de uvas, determinam quais as castas recomendadas e autorizadas e apresentam várias outras normas. Todos os vinhos têm de ser submetidos a uma prova, teste e aprovação oficiais.

» **IG ou IGP (vinho regional)** – O território português está dividido em catorze áreas de vinho regional (VR) e, embora a União Europeia tenha introduzido novas designações para essa categoria de vinhos – Indicação Geográfica (IG) e Indicação Geográfica Protegida (IGP) –, a maioria das regiões portuguesas decidiu manter a antiga denominação, VR. As normas para a elaboração de um vinho regional são menos rigorosas do que as normas para os vinhos DOC, mas muitos vinhos portugueses de prestígio são classificados como vinho regional por escolha do produtor que preferiu utilizar castas que não estão autorizadas para uma determinada DOC. Os regulamentos são menos rigorosos para o vinho regional, mas esses vinhos também têm de cumprir determinados critérios com relação às castas e à graduação alcoólica, entre outros.

» **Vinho de mesa (wine)** – Os vinhos de mesa são os vinhos locais, os mais simples, e podem ser produzidos sem considerar as normas de identificação dos demais vinhos, embora devam respeitar as normas de sanidade.

A certificação da identidade territorial pelo método produtivo

Embora o principal gerador de identidades territoriais para produtos e serviços seja a indicação geográfica nas categorias de identificação de procedência ou denominação de origem no Brasil (ou nomes similares, em outros países), muitos produtos têm sua identidade relacionada ao modo produtivo.

A seguir você vai conhecer três deles, relacionados ao mundo do vinho, um dos universos que trabalha melhor a questão da identidade territorial. Os métodos são:

» o vite ad alberello, da Ilha Pantelleria, Itália;
» o qvevri, da Georgia;
» o vinho de talha, de Portugal.

Vite ad alberello

A ilha de Pantelleria, localizada em território italiano, é uma das ilhas que cercam a Sicília, situando-se a 84 km de Tunísia, na África, e a 102 km da Itália continental. Nela a técnica de plantio de uvas, denominada vite ad alberello, representa a vitória de teimosos vinificadores lutando contra as intempéries por milhares de anos.

Resultado de movimentos tectônicos e vulcânicos, a ilha é um péssimo local para plantar uvas, porque não tem rios (apenas o lago Espelho de Vênus, uma cratera de vulcão inativo com diâmetro de 500 m) e o clima é fortemente influenciado por um vento forte, que pode atingir picos de 55 km/h, o que tornou impossível produzir uvas da maneira tradicional.

Mesmo assim, fenícios, gregos e italianos vêm insistindo há 3 mil anos e plantando videiras, protegendo-as do vento com cestos, terraços e muros, o que acabou se tornando um sistema de cultivo próprio, o "vite ad alberello". Essa antiga forma de cultivo de vinhedos na ilha e em outros locais do Mediterrâneo, que infelizmente entrou em risco de extinção pelo alto custo e baixo retorno de investimento, ganhou um fôlego quando, em 2014, foi reconhecida como Patrimônio Mundial da Humanidade pela Unesco. Aliás, é a primeira vez que uma prática agrícola consegue esse prestigioso reconhecimento pela Unesco.

Seus vinhos fazem parte do grupo de três denominações de origem controlada da região vulcânica italiana que inclui a Sicília, com o Etna, as ilhas Eólias e Pantelleria. Esses três territórios vulcânicos italianos produzem vinhos em 4.000 hectares de vinhedos, dos quais 3.200 são classificados como "viticultura heroica de montanha", uma classificação que representa apenas 5% do total europeu. Para que um vinhedo seja classificado assim, há quatro condições que precisam ser respeitadas:

1. área vitícola a uma altitude superior a 500 m acima do nível do mar;
2. terreno com uma inclinação superior a 30%;
3. as vinhas devem ter importância histórica;
4. plantadas em pequenas ilhas, a viticultura deve ser caracterizada por dificuldades estruturais (como altitude, encostas íngremes e terraceamento), com caráter permanente por causa do isolamento (CERVIM *apud* VITICULTURA..., 2018).

A técnica é usada para produzir vinhos tintos e dois vinhos brancos com DOCs, o Moscato di Pantelleria e Passito di Pantelleria, vinhos fortificados (doces) feitos com uvas brancas chamadas de Zibibbo, além de outras. Depois de colhidas, as uvas são colocadas para secar por vinte dias ao ar livre, e o processo de fermentação pode demorar de trinta a quarenta dias para terminar.

Qvevri

Segundo arqueólogos, a Geórgia é considerada o berço da vinificação no mundo, com evidências arqueológicas datadas de 6000 a.C. – ou 8 mil anos no total! A Geórgia é um belo país que fica entre o Mar Negro, a Rússia, a Turquia, a Armênia e o Azerbaijão, tem uma população basicamente cristã ortodoxa, um alfabeto próprio e exclusivo, e o vinho é parte intrínseca da sua cultura e fé. O país atrai turistas principalmente em razão de suas belezas naturais e herança cultural do vinho.

Reconhecendo isso, no início de dezembro de 2013, a Unesco tombou o qvevri, o ancestral método de elaborar vinhos na Geórgia, como Patrimônio Cultural Intangível da Humanidade. Pelo processo qvevri, as uvas são fermentadas em grandes ânforas de barro enterradas no solo com as cascas e até mesmo com os engaços (galhinhos) mais maduros em ambientes de trabalho.

Os qvevri normalmente são enterrados no chão da adega ou marani, um local semissagrado para a maioria dos georgianos, e encontrado em quase todas as casas rurais. A prática recentemente se espalhou para outros países, como Eslovênia, Itália, Croácia e até mesmo os Estados Unidos. Segundo especialistas, o reconhecimento da metodologia qvevri vai ajudar os produtores a promover a autenticidade da forma tradicional de vinificação, bem como o que foi construído sobre essa tradição.

Em relação ao vinho georgiano, há duas importantes razões para buscá-lo. A primeira é a autenticidade, o seu repertório de castas indígenas, autóctones: 525 tipos de uvas sobreviveram, de um total que foi estimado certa vez em 1.400 ou mais. A segunda é o processo produtivo, a oportunidade de provar os vinhos que foram fermentados em jarros de barro revestidos de cera e enterrados, os qvevri. Ambos os vinhos tintos e brancos podem ser feitos assim.

Como curiosidade, durante o Período Neolítico, a agricultura floresceu em três localidades que hoje em dia são as ruínas de Shulaveri, no vale do Marne, no sudeste da Geórgia, onde provas da produção de vinhos com 6 mil anos já foram encontradas, mas os cientistas procuram provas definitivas que confirmem que a produção de vinho é ainda mais antiga, remontando a 8 mil anos no país.

Na verdade, outros pesquisadores, como o diretor do Museu Nacional da Geórgia, acreditam que o projeto vai acabar demonstrando elementos importantes sobre a história da agricultura em geral, e não apenas a produção de vinhos: acredita-se que o Cáucaso da Geórgia pode ser considerado parte do território

3. Certificação de produtos e territórios

chamado Crescente Fértil – território que se estende desde o Alto Egito até o Golfo Pérsico –, onde emergiu a agricultura e, com ela, as civilizações modernas.

Vinho de talha

O vinho de talha é uma herança levada pelos romanos para o território de Portugal há mais de 2 mil anos e que vem sendo mantida no Alentejo, mas tem inspiração ainda mais ancestral, no chamado "qvevri", método produtivo registrado na Geórgia (antiga região da Rússia) desde o ano 6000 a.C.

Uma das vinícolas que mais investe na tradição é a Adega Cooperativa de Vidigueira, Cuba e Alvito, da cidade de Vidigueira, que criou uma unidade produtiva exclusiva para retomar a tecnologia ancestral de produção e tem lançado produtos inovadores. O processo produtivo, resumidamente, consiste em realizar o processo de vinificação em grandes potes de barro – as talhas –, onde ele também é armazenado para ser consumido.

As uvas são colocadas pela boca superior para fermentar e, para homogeneizar a fermentação, a massa é mexida artesanalmente com um cabo de madeira, pelo menos duas vezes ao dia, durante três semanas. A parte sólida dos cachos se deposita no fundo da talha e ajuda na filtragem do vinho, que será retirado por baixo (por uma torneirinha com um filtro natural) e adicionado à talha pela boca várias vezes, em um circuito que ajuda a clarificação do vinho.

O vinho de talha é aberto geralmente em 11 de novembro, dia de São Martinho, e deve ser bebido jovem – nas famílias quase sempre em copos, e não em taças –, porque é um vinho natural. Essa técnica, que é uma herança cultural única, está em processo de formalização de registro como patrimônio cultural no Inventário Nacional do Patrimônio Cultural e Imaterial de Portugal e posteriormente será candidato a integrar a Lista do Patrimônio Cultural e Imaterial da Humanidade da Unesco. Cerca de vinte municípios alentejanos e sete instituições técnicas e empresariais apoiam a candidatura. Portugal já tem três legados da cultura do vinho reconhecidos pela Unesco: o Alto Douro Vinhateiro, o centro histórico da cidade do Porto e os vinhedos da Ilha do Pico, nos Açores.

Depoimento

A equipe responsável pela formalização do registro do vinho de talha como patrimônio cultural, do Concelho de Vidigueira, explicou um pouco mais sobre esse processo, contextualizando os aspectos históricos envolvidos:

A importância do vinho de talha na Vidigueira assume uma preponderância especial, em virtude de se ter verificado a continuidade produtiva do vinho de talha desde a época romana. As condições edafoclimáticas próprias dos territórios da Vidigueira, combinadas com os elementos culturais e tecnológicos que lhe estão associados fazem desse legado uma singular simbiose entre terroir, condições climáticas, diversidade de castas e patrimônio enológico, que lhe conferem um valor universal excepcional.

O processo de vinificação manteve-se inalterado desde a Antiguidade, o que permitiu garantir a preservação de arquiteturas, recipientes, saberes e processos culturais, que fazem da tecnologia e do método de vinificação do vinho de talha uma íntima e estreita conjugação da civilização do vinho com a civilização do barro. A estrutura fundiária, as formas de divisão da propriedade rústica e o entrelaçamento com as estruturas familiares foram a garantia das condições necessárias para a preservação da herança cultural, pois a pequena escala da produção vitivinícola acompanha a pequena escala da propriedade que está associada a preocupações de sustentação da pequena economia doméstica, na qual o vinho ocupa um papel preponderante em territórios de grande aptidão vitivinícola.

O processo foi perdendo gradualmente importância, sobretudo no século passado, na medida em que se adotaram novas tecnologias, influenciadas pela enologia francesa, iniciando-se então uma ruptura tecnológica, econômica e cultural com as tradições. A emergência dos vinhos contemporâneos correspondia às exigências de controle de qualidade dos vinhos pelos mercados e pelos novos hábitos de consumo.

A sobrevivência da tecnologia de produção de talhas e recipientes vitivinícolas quase desapareceu do contexto alentejano. Se no Alto Alentejo são conhecidos dois polos essenciais na produção de talhas (São Pedro do Corval, no concelho de Reguengos de Monsaraz e Campo Maior, no Baixo Alentejo), não há referências conhecidas que nos permitam comprovar a existência de outros centros de produção. Os novos produtores de vinho recorrem à compra das talhas antigas que se encontram dispersas pelas adegas desativadas no século passado, e que ainda persistem nas nossas comunidades vinhateiras, mas agora estão sendo retomadas.

Considerando a importância histórica, cultural e social desse legado, os municípios e entidades regionais assumiram o compromisso de proteger e salvaguardar a tecnologia e o método de vinificação do vinho de talha e propuseram-se assegurar sua proteção, conservação e gestão adequadas.

Com o propósito e a missão de garantir a preservação da integridade e da autenticidade do bem cultural, sustentado pela singularidade da tecnologia e do método de vinificação do vinho de talha, o município de Vidigueira, em parceria com outros atores institucionais e representantes dos territórios, em que a sua presença cultural se manifesta, e demais parceiros, decidiram fundamentar e apresentar a proposta de inscrição do *Processo tradicional de produção de vinho no Alentejo, designado como Vinho de Talha,* no Inventário Nacional do Patrimônio Cultural Imaterial, e a posterior intenção de candidatura para inscrever na lista indicativa do Patrimônio Cultural Imaterial da Humanidade.

O município de Vidigueira lançou o desafio aos representantes dos territórios e constituiu-se um grupo de 23 municípios, que asseguram a representatividade dos territórios da região do Alentejo onde se manifesta a preservação da prática tradicional de produção de vinho de talha. Os municípios envolvidos participam com recursos técnicos internos que contribuirão para o desenvolvimento dos trabalhos que visam contemplar as seguintes fases metodológicas:

» **Fase 1 – Estudo e investigação**, que compreenderá a fase preparatória de recolha e análise de informação e dados tendentes à instrução do processo de inscrição do processo tradicional de produção do vinho de talha no Inventário Nacional do Patrimônio Cultural e Imaterial e do dossiê de candidatura para inscrição dele na Lista do Patrimônio Cultural e Imaterial da Humanidade;

» **Fase 2 – Preservação, salvaguarda e promoção**, que inclui a submissão de candidatura ao Inventário Nacional do Patrimônio Cultural Imaterial e à Lista do Patrimônio Cultural e Imaterial da Humanidade, bem como a definição de Plano de Salvaguarda do processo tradicional de produção do vinho de talha;

» **Fase 3 – Dinamização econômica e turística**, que pressupõe a valorização dos territórios e dos seus atores econômicos e turísticos em uma lógica de criação de novas oportunidades de aproveitamento do potencial fundamentado na identidade cultural e social do vinho de talha e das comunidades vinhateiras, pois a economia do vinho de talha tende a ampliar-se e a consolidar os vinhos naturais como propostas de elevado valor acrescentado, ainda que em uma escala de produto *slow made*. (RUSCHEL, 2018e)

BRASIL: REGIÕES VITIVINÍCOLAS CERTIFICADAS

O Brasil é o décimo quarto produtor mundial e o quinto maior produtor de vinhos no Hemisfério Sul, com 3,4 milhões de hectolitros de vinhos produzidos em uma área de produção vitivinícola que soma 79,1 mil hectares, divididos principalmente entre seis regiões, nos estados do sul, sudeste e nordeste. Ao todo, são mais de 1.100 vinícolas espalhadas pelo país, a maioria instalada em pequenas propriedades (com média de 2 hectares de vinhedos por família), mas até 80% de nossa produção ainda é considerada de vinhos de mesa, com baixo valor no mercado internacional (IBRAVIN, ca. 2013).

Embora produza vinhos comercialmente desde 1875, o Brasil começou a se preocupar com a identidade de seus vinhos há apenas vinte anos, com a qualificação de vinhedos e a busca por uma certificação de origem. Só para termos uma referência, em 2015, a Itália já tinha 403 vinhos com denominações de origem controlada ou denominação de origem controlada e garantida e 118 com indicações geográficas.

A certificação existe para identificar a região na qual o vinho é produzido e garantir sua reputação, caso essa região de origem tenha prestígio. Na atividade agrícola que trabalha com especialidades enogastronômicas, como vinhos, queijos, temperos, azeites, chás, carnes e outros alimentos, os produtos agrícolas certificados podem ter outra dimensão e serem considerados ativos estratégicos do patrimônio de uma comunidade não só por seu valor econômico mas também por sua importância social e cultural.

Mas não é fácil obter uma certificação de origem. O processo exige em primeiro lugar a união dos participantes da cadeia produtiva – e isso é um desafio permanente, inclusive no Brasil. Na prática, o processo exige a preparação de um dossiê com a delimitação geográfica, a caracterização da vitivinicultura (vinhedos e vinícolas), os processos de produção, as características de qualidade química e sensorial dos vinhos, incluindo a comprovação do renome da região como produtora de vinhos finos e identitários. No projeto, precisa constar também o regulamento de uso da IG, a definição dos processos de produção obrigatórios, bem como do sistema de controle para a qualificação dos vinhos certificados. Mas vale a pena porque é por isso que um vinho Chianti ou Bordeaux ou uma garrafa de Champagne representam a expressão engarrafada de centenas de anos de pesquisas, experiências, melhorias e muito controle de qualidade – e valem muito mais do que seus concorrentes.

A certificação no Brasil é feita na forma da licença de uso de uma denominação de origem ou indicação de procedência. Em junho de 2018, o Brasil apresentava cinco regiões vitivinícolas com IP e apenas uma com DO. Estas são as indicações de procedência:

- **IP Farroupilha**, que trabalha com uvas moscatéis autorizadas – Moscato Branco (tradicional); Moscato Bianco; Malvasia de Cândia (aromática); Moscato Giallo; Moscatel de Alexandria; Malvasia Bianca; Moscato Rosado e Moscato de Hamburgo.
- **IP Monte Belo**, que tem como grande diferencial o fato de ser constituída exclusivamente por vinícolas familiares de pequeno porte, que utilizam uvas Riesling Itálico, Chardonnay, Cabernet Sauvignon, Cabernet Franc, Merlot, Tannat, Egiodola e Alicante Bouschet, Pinot Noir e Prosecco.
- **IP Pinto Bandeira**, cuja principal vocação é a produção de espumantes de alta qualidade.
- **IP Altos Montes**, a maior área do Brasil, que abrange territórios dos municípios gaúchos de Flores da Cunha e Nova Pádua, com altitude que chega a 885 m em relação ao nível do mar.
- **IP Vales da Uva Goethe**, que compreende a produção de vinhos brancos, espumantes ou licorosos a partir da variedade Goethe no Litoral Sul de Santa Catarina (IBRAVIN, ca. 2013).

O Vale dos Vinhedos foi a primeira região a receber uma denominação de origem para vinhos no Brasil, em 2012, dez anos depois de ter alcançado o *status* de indicação de procedência, um pré-requisito exigido pelo Inpi para a concessão da denominação de origem. Nessa DO, a classificação exige o cumprimento de normas bastante restritas, que abrangem desde o cultivo da uva até o engarrafamento do vinho, como:

- A produtividade é limitada a 10 toneladas por hectare para os vinhos e 12 toneladas por hectare para espumantes.
- A graduação alcoólica mínima corresponde a 12% para tintos, 11% para brancos e 11,5% para espumantes.
- São uvas autorizadas para vinhos: Merlot, Cabernet Sauvignon, Cabernet Franc, Tannat, Chardonnay e Riesling Itálico; para espumantes, Chardonnay, Pinot Noir e Riesling Itálico (IBRAVIN, ca. 2013).

Estão em busca de certificação quatro regiões vitivinícolas: Vinhedos de Monte Belo e Moscatéis de Farroupilha (na serra gaúcha, que já são IPs); Vinhos da Campanha, nos Pampas gaúchos; e na região Nordeste, os vinhos do Vale do Submédio São Francisco.

CULTURA E PATRIMÔNIO DA VITIVINICULTURA BRASILEIRA

A caracterização da identidade de um vinho leva em conta não somente a regulamentação técnica mas também aspectos típicos de sua cultura de produção. Entre os elementos materiais da vitivinicultura que caracterizam a identidade dos territórios de vitivinicultura no Brasil, estão a construção de taipas de pedra em curva de nível para contenção do solo ou a formação de terraços em solos inclinados do sul, além de equipamentos, ferramentas, tipos de pipas e métodos de produção. Um exemplo é o uso de plátanos *(Platanus acerifolia)* como tutores vivos para sustentar os vinhedos, realizado principalmente nos municípios gaúchos de Monte Belo do Sul, Bento Gonçalves e Garibaldi, o que mantém uma conexão cultural de mais de 2.500 anos com os etruscos.

Segundo Ivanira Falcade (2017), doutora em geografia na Université de Bourgogne e professora de gestão vitivinícola da Universidade de Caxias do Sul, com larga experiência em pesquisa e documentação para delimitação das regiões das indicações geográficas de vinhos no Brasil, o uso de plátanos gerou uma identidade paisagística única no mundo do vinho, mesmo incluindo regiões que ainda usam tutores vivos, como Asprinio de Aversa (Itália), Vinhos Verdes (Portugal) e Los Cintis (Bolívia).

Mas a vitivinicultura apresenta outros aspectos de identidade cultural, alguns deles até mesmo curiosos. Entre esses elementos, destacam-se as formas de consumir o vinho, inclusive na gastronomia e nas celebrações; a tradição de enterrar algumas garrafas de vinho em safras excepcionais, chamada de "vino sotto terra"; as representações simbólicas das videiras, incluindo aquelas de caráter religioso, como vitrais; a arquitetura residencial colonial e as pinturas. Mas a herança cultural vai além, batizando cidades como Videira (SC) e Vinhedo (SP), e invadindo a literatura em prosa e verso.

Outros elementos são o uso do talian nas lides vinícolas, proveniente dos dialetos falados na Itália no século XIX trazidos pelos imigrantes; a música; os pequenos museus familiares nas vinícolas para a preservação; e a valorização de ferramentas e máquinas, fotografias e até mesmo videiras vivas e vinhos, como o Ecomuseu da Cultura do Vinho em Faria Lemos, Bento Gonçalves.

Na verdade, os territórios vinícolas do Rio Grande do Sul são tão culturalmente preservados, típicos e bonitos, que o livro *Paisagens do vinhedo rio-grandense*, escrito a quatro mãos pelo brasileiro Rinaldo Dal Pizzol e pelo espanhol Luís Vicente Elias Pastor, recebeu o Prêmio OIV Júri na categoria Vinhos e Territórios, da Organização Internacional da Vinha e do Vinho (OIV), em 2017.

Cachaças certificadas na América Latina

México | tequila

No México, o nome e a marca tequila é o melhor exemplo de uma indicação geográfica de uma bebida alcoólica. Ela é obtida de uma espécie agrícola – a agave azul (tequiliana, variedade Weber), produzida em uma limitada zona no México. A proteção ocorre desde 1974 e se vincula à indicação geográfica Tequila.

Peru | pisco

A indicação geográfica Pisco, de 1990, é uma denominação exclusiva para os produtos obtidos da destilação dos caldos resultantes da fermentação da uva madura, elaborada na costa dos estados de Lima, Ica, Arequipa, Moquegua e nos vales de Locumba, Sama e Caplinado, no departamento de Tacna.

Bolívia | singani

Mediante uma lei de 1992, a Bolívia aprovou o uso da indicação geográfica ao Singani, somente pela aguardente produzida pela destilação de vinhos de uva Moscatel fresca, destilada e engarrafada nas zonas de produção de origem da região de Potosi.

Brasil | cachaça

O decreto nº 4.042, de 2001, esclarece que cachaça é a denominação típica e exclusiva da aguardente de cana produzida no Brasil, com graduação alcoólica de 38% a 48% em volume, a 20 °C, obtida pela destilação do mosto fermentado de cana-de-açúcar. O decreto também define a caipirinha como bebida típica brasileira, com graduação alcoólica de 15% a 36%, a 20 °C, obtida exclusivamente com cachaça, acrescida de limão e açúcar.

ESTUDOS DE CASO

As indicações geográficas no Nordeste do Brasil
Alcides dos Santos Caldas[1]

O interesse pelas indicações geográficas no Brasil, tanto em nível acadêmico como profissional e mercadológico, tem crescido significativamente nos últimos anos.

Até novembro de 2018, o Instituto Nacional da Propriedade Industrial (Inpi) registrou 69 indicações geográficas, sendo 8 estrangeiras e 61 brasileiras (50 indicações de procedência e 11 denominações de origem). Estão concentradas, principalmente, nos estados do Rio Grande do Sul (10), Minas Gerais (7) e Rio de Janeiro (4), mas já estão presentes em praticamente todos os estados brasileiros, à exceção do Maranhão, Roraima e Rondônia. Na região Nordeste do Brasil, existem 13 indicações geográficas, o que corresponde a 23,21% do total das existentes no país, 11 registradas na modalidade de indicação de procedência e 2 na modalidade de denominação de origem, como pode ser visto no quadro a seguir.

As indicações geográficas no Brasil estão classificadas em agroalimentares (arroz, biscoitos, cacau, camarão, carne bovina, doces, própolis, queijos), bebidas (café e cachaça), artesanato (renda, cerâmica, estanho), produção mineral (gnaisse, mármore, opalas preciosas), vestuário (sapatos e couro) e tecnologia da informação, sendo registradas no Inpi, ao longo dos anos 2000 e 2018, concentrando-se no ano de 2012, quando foram registradas dezoito indicações geográficas.

As IGs no Brasil variam muito em extensão territorial. Elas garantem a proteção de um território, o qual pode ser um bairro, como é o caso da indicação de procedência Porto Digital, localizada no bairro de Santo Amaro, em uma área de 100 hectares do centro histórico da cidade de Recife, até uma grande região, como é o caso da indicação de procedência das uvas e mangas do Vale do Submédio São Francisco, que abrange uma extensão territorial de 125.755 km², incluindo municípios dos estados de Pernambuco e Bahia.

---

[1] Alcides dos Santos Caldas é geógrafo, mestre em arquitetura e urbanismo, doutor em geografia, professor e pesquisador do Programa de Pós-Graduação em Geografia da UFBA. Este texto foi preparado por Caldas especialmente para este livro.

Englobam a proteção de grandes produtores, como é o caso da indicação de procedência de Cerrado Mineiro, produtora de café; e de pequenos produtores, como aqueles que produzem queijo artesanal de Minas Gerais ou doces do Rio Grande do Sul.

Estão presentes em sua grande maioria no campo, como as indicações geográficas: café do Cerrado (MG), capim dourado do Jalapão (TO), cachaça de Salinas (MG), carne do Pampa Gaúcho (RS), entre outras. Mas também estão presentes nas cidades, como as indicações geográficas Porto Digital, no Recife (PE); doces de Pelotas (RS); panelas de Barro de Goiabeiras em Vitória (ES).

Especificamente no estado da Bahia, esforços têm sido realizados na materialização das indicações geográficas. O apoio do Ministério da Agricultura, Pecuária e Abastecimento (Mapa) tem sido fundamental, assim como o do Serviço Brasileiro de Apoio às Micro e Pequenas Empresas (Sebrae), da Empresa Brasileira de Pesquisa Agropecuária (Embrapa), da Fundação de Amparo à Pesquisa do Estado da Bahia (Fapesb), Federação das Indústrias do estado da Bahia (Fieb), Universidade Federal da Bahia (UFBA), Universidade Estadual de Feira de Santana (Uefs), Universidade Estadual do Sudoeste da Bahia (Uesb), Universidade Estadual Santa Cruz (Uesc) e as Secretarias de Desenvolvimento Econômico (SDE) e do Trabalho Emprego, Renda e Esporte (Setre) do estado da Bahia.

Em 2012, a Fapesb estabeleceu um convênio de parceria com as universidades para a construção coletiva de projetos de indicações geográficas no estado. Naquela oportunidade, foram contemplados os seguintes projetos: Sisal – região de Valente (NIT/Universidade Estadual de Feira de Santana); amêndoas de cacau (Instituto Cabruca – Ilhéus/Itabuna/Universidade Santa Cruz); café do Planalto de Conquista (NIT/Universidade do Sudoeste da Bahia); farinha de copioba (Universidade Federal da Bahia). Vale destacar que todos os projetos financiados pela Fapesb deram resultados positivos, alguns ainda em elaboração e discussão com os agentes locais e outros em tramitação no Inpi, para obtenção do registro. Outras indicações geográficas estão sendo construídas, como o café do oeste da Bahia, em Barreiras, com apoio do Mapa, e os charutos do Recôncavo, com apoio da Federação da Indústrias do Estado da Bahia.

A construção coletiva de indicações geográficas no estado da Bahia é uma estratégia de desenvolvimento que gera oportunidades de novas formas de organização do território, desenvolvimento tecnológico, inclusão social e melhoria de qualidade de vida das comunidades locais. Ao associar ao território a marca ou a

Quadro 3. **Indicações geográficas no Nordeste do Brasil: localização, produto/serviço e data de registro**

Estado	Produto/Serviço	Nome da IG	Data de registro no Inpi	Modalidade
Bahia/Pernambuco	Uvas e mangas	Vale do Submédio São Francisco	7/7/2009	Indicação de procedência
Ceará	Camarão de cativeiro	Costa Negra	16/8/2011	Denominação de origem
Pernambuco	Serviços de TI	Porto Digital	11/12/2012	Indicação de procedência
Sergipe	Renda de agulha em lacê	Divina Pastora	26/12/2012	Indicação de procedência
Paraíba	Têxteis de algodão natural colorido	Paraíba	16/10/2012	Indicação de procedência
	Renda renascença	Cariri Paraibano	24/9/2013	Indicação de procedência
Piauí	Joias artesanais de opalas	Pedro II	3/4/2012	Indicação de procedência
	Cajuína	Piauí	26/8/2014	Indicação de procedência
Alagoas	Própolis vermelha	Manguezais de Alagoas	17/7/2012	Denominação de origem
	Bordados de filé	Região das Lagoas de Mundaú/Manguaba	19/4/2016	Indicação de procedência
Rio Grande do Norte	Melão	Mossoró	17/9/2013	Indicação de procedência
Bahia	Aguardente de cana	Microrregião Abaíra	14/10/2014	Indicação de procedência
	Amêndoas de cacau	Sul da Bahia	24/4/2018	Indicação de procedência

Fonte: Inpi (2018).

origem do produto, promove-se a inclusão social e contribui-se para a redução das desigualdades regionais.

Na Bahia, estão sendo solicitados registros de indicação geográfica para a farinha de copioba, as rendas de Saubara, as cerâmicas de Maragogipinho, o café de Piatã, o fumo do Recôncavo, o sisal de Valente, o café do Planalto da Conquista, o guaraná de Taperoá.

Aliás, sugiro exemplos de futuras indicações geográficas na Bahia, já associadas aos seus lugares de origem: cravo-da-índia de Valença, dendê do Baixo Sul, couro de Ipirá, caprinos do sertão, caprino defumado de Campo Formoso, mel do Recôncavo, flores de Maracás, rendas da ilha de Maré, artesanato do Litoral Norte, vinhos da Chapada Diamantina, doces da Caatinga do Moura (Jacobina), requeijão de Santa Bárbara, carne de fumeiro/mantinha do Recôncavo, beijus de Vitória da Conquista, umbu de Uauá, licuri do semiárido, abacaxi de Itaberaba, palmito de Igrapiúna, etc.

Referências

ARFINI, F. *et al*. **Territoires, produits et acteurs locaux**: des liens de qualité – Guide pour promouvoir la qualité. liée à l'origine et des indications géographiques durables. FAO, 2009.

CALDAS, A. S. Indicações Geográficas: marco regulatório e distribuição espacial. *In*: CALDAS, A. S. *et al*. (Org.). **Gestão do território e desenvolvimento**: novos olhares e tendências. Salvador: JM, v. 1, 2013, p. 127-152.

O café do Cerrado Mineiro

A região do Cerrado Mineiro no Brasil é um território demarcado e protegido, conhecido pela alta qualidade de seus cafés que apresentam características únicas e exclusivas registradas junto ao Inpi, com denominação de origem e certificação de qualidade. Em razão disso, vem conquistando cada dia mais clientes no disputado mercado internacional. Em 2005, a região conquistou a primeira indicação de procedência para cafés no Brasil, que, em 2013, transformou-se na primeira denominação de origem para cafés no país.

Vários motivos levaram o Cerrado Mineiro a construir sua notoriedade e relevância no mercado cafeeiro, até atingir o *status* de denominação de origem. O primeiro diz respeito à singularidade de seu terroir. No Cerrado Mineiro, as estações climáticas são muito bem definidas, ressaltando duas estações em especial: verões quentes e chuvosos e invernos frios e secos. O verão traz condições fundamentais para a planta que se encontra no estágio de desenvolvimento dos frutos, proporcionando temperatura, luminosidade e água em condições ótimas. Já no inverno, com baixíssima umidade relativa do ar, quase sem chuvas, ocorre a colheita, justamente no momento em que o café precisa de ótimas condições ótimas de secagem. É quando o café no Cerrado Mineiro conclui então o seu processo, finalizando a formação de características que vão refletir na xícara a consistência desse terroir.

Além das boas condições climáticas, o Cerrado Mineiro possui altitude ótima para cultivo do café, tendo suas lavouras concentradas entre 900 e 1.300 metros de altitude, relevo plano levemente ondulado, proporcionando mecanização e tecnificação do cultivo, alinhando-se ao mundo moderno e à agricultura 4.0.

Hoje o café do Cerrado se apresenta em seu site e materiais de comunicação como "Um café produzido com atitude – ético, rastreável e de alta qualidade". O processo para chegar a esse resultado foi iniciado pelo Conselho das Associações dos Cafeicultores do Cerrado (Caccer), localizado no município de Patrocínio, no estado de Minas Gerais, em 1993, que evoluiu para a criação de cooperativas especializadas em armazenamento e comercialização de café, e a criação da marca Café do Cerrado, para dar identidade ao território, que hoje se tornou a marca Região do Cerrado Mineiro. A certificação de origem foi buscada para poder entrar no mercado japonês, em 2002.

Para garantir que um café possua a denominação de origem Cerrado Mineiro, é necessário que ele receba o Selo de Origem e Qualidade da Região, que atesta as normas estabelecidas no regulamento de uso, por meio do Processo Oficial de Produção, que deve ser seguido por toda a cadeia, desde o produtor, passando pela cooperativa, exportadores, importadores e torrefador. Esse Selo de Origem e Qualidade é emitido pela Federação dos Cafeicultores do Cerrado, uma entidade sem fins lucrativos. Atualmente, a Federação possui como credenciados 912 produtores e 1.014 propriedades, que somam cerca de 94.000 hectares de produção de café. Nos últimos sete anos, a região forneceu ao mercado um total de 518.260 sacas de café com denominação de origem, gerando uma média anual de 74.037 sacas por ano, conforme informa Juliano Tarabal, diretor da Federação dos Cafeicultores do Cerrado.

3. Certificação de produtos e territórios

Para monitorar a denominação de origem, a Federação dos Cafeicultores do Cerrado controla o uso da marca do território por meio de um sistema de rastreabilidade que funciona *on-line*, além de um rigoroso controle de qualidade realizado em laboratório equipado e também por meio de uma auditoria dos lotes.

> [...] um grande diferencial para produtores, cooperativas, exportadores, importadores, torrefadores, varejo e consumidores, pois se trata de uma ferramenta de garantia de procedência e qualidade preparada para atender os níveis de exigência do mercado e levar as informações necessárias, valorizando, assim, o trabalho de toda a cadeia e satisfazendo aos consumidores. (FEDERAÇÃO DOS CAFEICULTORES DO CERRADO, ca. 2015)

4. Turismo, identidade e marketing territorial

O turismo é uma das mais importantes atividades econômicas do mundo e a mais local que existe. Neste capítulo, vamos conhecer o processo de planejamento de marketing para o turismo sob a perspectiva da identidade territorial, valorizando o que o local tem de identitário, exclusivo ou diferente, para agregar valor ao território e à comunidade.

OS TERRITÓRIOS E A COMPETIÇÃO NO MERCADO

Muitos são os exemplos de cidades ou regiões que não utilizaram ferramentas de marketing e "morreram", e das que fizeram uso delas, reorganizaram-se e sobreviveram às intempéries da concorrência. Kotler, Haider e Rein (1994) consideram o caso de Detroit como um exemplo clássico de uma cidade que dependia de uma única indústria – a automobilística – e em menos de uma década foi do céu ao inferno por causa do crescimento das montadoras japonesas nos Estados Unidos.

Outro exemplo clássico é o renascimento de Bilbao, na Espanha. Como se trata de uma história de sucesso que reforça a identidade de uma comunidade específica (os bascos) e a importância da cultura, vale a pena relembrá-la. No fim dos anos 1980, a cidade de Bilbao se encontrava em uma profunda crise social e econômica, com uma imagem internacional negativa, causada por graves problemas ambientais e pela instabilidade política, que permitiu o crescimento das ameaças separatistas do grupo ETA, que aterrorizou o território e a Espanha por décadas.

A reação veio no bojo de um planejamento de longo prazo elaborado pelo governo basco (e não pelo governo central): um dos projetos com maior impacto na imagem da cidade foi a construção do Museu Guggenheim, do arquiteto Frank Lloyd Wright. A qualidade arquitetônica do edifício e sua reputação, aliadas a uma forte campanha de marketing, trouxeram projeção internacional e um crescente fluxo turístico de alta qualidade, que mobilizou toda uma cadeia positiva da e para a cidade. Como tudo é cíclico, os principais problemas foram resolvidos e outros surgiram, como veremos mais adiante.

O marketing de um território, no entanto, oferece outros ganhos comunitários além da geração de empregos e renda pelo turismo. A associação dos serviços de receptivo com a identidade desse território reforça o turismo em si e acaba construindo uma imagem de qualidade que ajuda a valorizar o território, atraindo turistas e investidores. E a imagem positiva do território, por sua vez, valoriza seus produtos e serviços, estabelecendo um ciclo virtuoso para a região e a comunidade. Esse processo é mais fácil de ser compreendido quando se analisa o contrário: quem investiria em hotelaria em uma cidade suja ou com largo histórico de violência e falta de qualidade?

Também é importante destacar que o turismo com identidade territorial é um mecanismo promotor de desenvolvimento sustentável de base local, porque mobiliza cadeias produtivas locais, gerando emprego e renda para moradores, negócios para empresas e para o poder público do território. É claro que o turismo convencional também mobiliza fornecedores, mas, se forem de fora do município, como é o caso de hotéis de redes globais (que vão remeter o lucro para a matriz), toda a atividade deles é menos sustentável.

Os territórios e seus problemas

Todas as localidades (bairros, cidades, regiões, estados, países) estão sujeitas a ciclos de crescimento e declínio, e também a choques e forças externas fora de seu controle. Esse é um processo inexorável. O ciclo positivo de progresso de uma cidade atrai investimentos, moradores, usuários e turistas, que obviamente aumentam as necessidades de investimento da gestão pública em serviços como água, esgoto, energia, urbanismo, etc. Para cobrir esses custos (até porque muitas vezes o investimento externo é atraído com a oferta de isenção ou redução de impostos), o gestor público aumenta custos e impostos, e com isso dispara um novo ciclo, dessa vez de decadência, afastando os usuários.

Mas não são apenas maiores impostos que afastam moradores. Algumas razões que espantam empresas de uma cidade são uma gestão pública fraudulenta, o esgotamento dos recursos de abastecimento de água ou energia, a incapacidade do município de manter os investimentos públicos, as disputas políticas por poder e até mesmo o desalinhamento com recursos modernos, como acesso à internet de alta capacidade.

Um exemplo bastante claro do que pode provocar um ciclo de decadência é o que vimos na televisão: o grande número de empresas que transferiram suas sedes de Barcelona quando os movimentos separatistas naquela cidade se transformaram em um problema de polícia. Em dois anos, mais de setecentas empresas se retiraram da Catalunha (entre as quais dois dos maiores bancos da Espanha). Uma das empresas que se transferiu para a região vinícola de La Rioja foi a fabricante de cavas (o espumante espanhol), com a marca Codorníu, depois de quinhentos anos e dezoito gerações atuando na Catalunha!

Moradores abandonam a cidade quando há uma excessiva alta de taxas e impostos e baixa oferta de serviços em contrapartida, quando acabam as ofertas de emprego ou quando simplesmente os recursos públicos nas áreas de saúde, habitação, mobilidade, segurança e outros desaparecem. Empresas atraídas apenas por benefícios fiscais tendem a abandonar o território assim que recebem uma oferta melhor em outro local, porque o diferencial desse tipo de empresa, do ponto de vista de gestão, provavelmente está focado em impostos baixos ou inexistentes. Essas empresas simplesmente não têm compromisso com a comunidade.

Em algumas regiões, a principal causa do esvaziamento de uma cidade é a violência sem controle; em outras, é simplesmente o envelhecimento e a morte da população, que não é reposta por falta de iniciativas para atração de jovens, uma síndrome que acomete centenas de pequenas cidades da península ibérica e de outras regiões da Europa.

> A prosperidade ou a decadência de uma cidade ou território vai além de perdas econômicas, porque afeta e abrange pessoas, culturas, heranças históricas, patrimônio social e visão de futuro. Somente em virtude disso já deveria se exigir a completa interação e a participação proativa da comunidade nas decisões cotidianas da gestão pública, da câmara de vereadores, prefeitos, deputados e outros.

Além de competir com inimigos conhecidos, as cidades correm riscos silenciosos provenientes de competidores desconhecidos, e alguns deles podem estar a milhares de quilômetros de distância. Por exemplo, a decisão de uma empresa de distribuição de energia em investir na ampliação em uma região distante da sua cidade pode atrair empresas para lá. Ou a decisão de um fabricante de automóveis que levará dezenas de empresas para outro país, talvez até mesmo algumas empresas de seu território.

A oferta de benefícios para empresas, feita por uma cidade concorrente com a sua; a duplicação de uma rodovia que não chega até a sua cidade ou leva o fluxo de veículos para longe; a instalação de uma grande cadeia para bandidos perigosos em sua área rural; a proliferação de doenças para animais de cria ou humanos em seu município; etc. São inúmeros os fatores externos sobre os quais o gestor público de um local não tem controle, as chamadas "variáveis incontroláveis" no jargão dos processos de gestão de marketing, como vimos no capítulo 2.

Então, o que pode ser feito? O marketing pode ajudar e, às vezes, pode ser a única solução, mas é preciso entender as causas do problema, para buscar uma solução para ele.

A DINÂMICA DOS LOCAIS

Philip Kotler, Donald H. Haider e Irving Rein (1994) desenvolveram esquemas visuais para resumir as dinâmicas às quais estão submetidas as cidades, na forma de ciclos que se realimentam no tempo e no espaço. Veja a figura 1.

```
                    O local é atraente
            1. Novas indústrias se instalam
         2. Existem muitas oportunidades de emprego
             3. A qualidade de vida é atraente
           ↓                              ↓
  Migração interna de novos      Migração interna de novos
   moradores e visitantes          negócios e investimentos
           ↓                              ↓
        Aumenta o custo dos imóveis, a infraestrutura
        sofre pressão e as necessidades sociais crescem
                           ↓
              O governo aumenta os impostos
```

Figura 1. **Dinâmica de crescimento de uma cidade**
Fonte: Kotler; Haider; Rein (1994).

A dinâmica de crescimento de uma cidade tem uma lógica que, por mais estranha que pareça, a leva à decadência. Isso porque, quanto mais atraente se torna, mais aumenta o preço dos imóveis e do custo de vida em geral da cidade, o que automaticamente leva gestores privados e públicos a aumentarem sua perspectiva de ganhos, o que vai acabar provocando a decadência, em médio ou longo prazo.

A dinâmica de decadência de uma cidade é cruel, porque, quando um lugar começa a perder sua atratividade, gera uma série de consequências negativas: os preços dos imóveis caem, funcionários mais qualificados procuram empregos em outras regiões, a infraestrutura se deteriora e, em seguida, empresas decidem abandonar a cidade, acelerando a queda.

Esses ciclos são inexoráveis, mas poderiam ser geridos melhor se houvesse na gestão pública uma visão voltada ao uso das ferramentas de marketing, porque atualmente os instrumentos de gestão de um prefeito no Brasil estão praticamente reduzidos a:

» aumentar ou diminuir os impostos e as taxas;
» oferecer áreas com isenção ou redução de impostos para atrair empresas;
» pedir ou renegociar recursos e repasses oriundos dos estados ou da Federação.

Alguns gestores vão um pouco mais além e entendem que o turismo pode ser uma atividade estratégica fundamental e investem profissionalmente nos nichos que se adaptem melhor aos recursos existentes, mas a grande maioria dos prefeitos considera que a chegada de visitantes à cidade é uma atividade que "se faz sozinha" ou é de caráter secundário na matriz de administração do município.

No Brasil, se aprendermos alguma coisa com a crise financeira e com a crise de idoneidade ética na política, haverá uma demanda crescente pela melhoria dos serviços públicos, o que só pode ser viabilizado ao aperfeiçoar a qualidade dos agentes administrativos. Esses profissionais de gestão de cidades precisarão ter formação em administração e marketing e preencher outros requisitos para poderem intervir de forma positiva na realidade social, política e econômica, contribuindo para que a gestão pública desenvolva visão estratégica de negócios, otimizando sua atuação.

MARKETING TERRITORIAL: MUITO MAIS DO QUE ATRAIR TURISTAS

O mundo está cada vez mais competitivo e cada vez mais global. O que era um bom negócio há poucos anos subitamente desapareceu, simplesmente não existe mais. O valor dos produtos e serviços é cada vez mais subjetivo, e os países, regiões ou territórios que não utilizarem recursos especializados para enfrentar a concorrência simplesmente não terão êxito nos negócios.

Um desses recursos especializados é o marketing. O livro *Marketing places*, de Philip Kotler, Donald H. Haider e Irving Rein, publicado originalmente em 1993 e em 1994 traduzido no Brasil como *Marketing público: como atrair investimentos, empresas e turismo para cidades, regiões, estados e países*, propunha pioneiramente um novo enfoque da administração pública.

Os autores partiram de um princípio universal: os locais convivem cada vez mais com crises e problemas para se manterem competitivos, e isso é cíclico. Logo, caberia aos gestores locais de cidades, regiões ou comunidades pôr em prática o conceito de administração mercadológica (mix de marketing) em suas gestões, considerando que os locais estão em eterna dinâmica (como "produtos no mercado") e passíveis de ciclos de vida, como produtos ou serviços. Simples assim: fazer marketing territorial.

> **O turismo forte de um local com imagem fraca não resiste por muito tempo**
>
> Fazer marketing de turismo sem antes entender o contexto de marketing, para planejar a construção de uma imagem adequada desse território para o qual queremos levar turistas, tende a ser um esforço potencialmente grande, com resultados potencialmente enfraquecidos. Isso porque o turismo é uma atividade sociocultural, econômica, histórica e patrimonial, e sempre reflete valores intangíveis de uma comunidade, além dos atrativos turísticos nela existentes.

O marketing de um território ou de um local – na Europa chamado de marketing territorial – permite que esse território construa ou redesenhe sua imagem no mercado ou seu posicionamento no mercado de cidades e, com o uso de ferramentas adequadas, torne-se mais atraente à captação de investimentos, à chegada de novos moradores ou de turistas e à realização de eventos.

De fato, muitos pesquisadores acadêmicos, além dos autores mencionados, abordaram e analisaram o fenômeno da competição entre países, regiões e cidades, alertando para a existência de uma correlação positiva entre o crescimento da competição e a crescente utilização de estratégias de marketing territorial. O quadro a seguir resume seis padrões típicos de imagens de cidades, demonstrando como a maioria das pessoas percebe essas cidades, e foi organizado por Pedro Manuel Pinto Lopes Gomes com base em conceitos de Kotler, Haider e Rein.

Quadro 1. **Tipologias de imagens de cidade**

Imagem positiva	Cidades com conotação positiva, situadas geralmente em países desenvolvidos, com sociedades mais bem organizadas e políticas urbanas mais eficazes.
Imagem pobre	Cidades que passam praticamente despercebidas, sem presença na publicidade, geralmente por serem de dimensão reduzida. Têm poucas atrações e atividades.
Imagem negativa	Cidades que apresentam estigmas mais negativos (pobreza, crime, etc.), que de alguma forma condicionam as pessoas.
Imagem mista	Cidades percebidas positiva e negativamente. Em sua divulgação, são privilegiados os aspectos positivos, procurando evitar os negativos.
Imagem contraditória	Essas cidades podem estar relacionadas ao conceito de cidades com imagem mista, mas nas cidades com imagem contraditória o aspecto negativo não costuma ser verdadeiro.
Imagem muito atrativa	Cidades que sentem os efeitos negativos por serem muito atrativas. A imagem extremamente positiva que possuem pode anular os aspectos negativos que possam surgir. Contudo, essas cidades podem ser destruídas se forem muito divulgadas.

Fonte: Kotler *et al.* (1993) *apud* Gomes (2014).

O local, o pertencimento e o turismo

O meu local – isto é, de onde sou, de onde vem minha família, onde nasci, onde cresci – é parte do território que resulta das relações afetivas do homem com o meio onde está inserido, estabelecendo uma relação de pertencimento.

No turismo, as relações são provisórias e têm predominantemente laços comerciais. O visitante poderá até mesmo se apaixonar pelo local visitado como expectador, sentir-se em casa em um hotel, mas dificilmente vai criar relações afetivas permanentes, aquelas de pertencimento. E, se decidir permanecer em definitivo no local, mudando-se para lá, perderá o *status* de turista. Assim, uma semana com a família em um parque de diversões da Walt Disney pode ser inesquecível – mas nunca será o local do turista, e nem sequer o local dos que trabalham no parque. Será apenas inesquecível enquanto me lembrar dele, mas nunca será o meu local.

Como o marketing pode ajudar os territórios

Marketing territorial é um conceito de planejamento estratégico com não mais do que quatro ou cinco décadas de uso e aplicação de maneira metodológica e organizada. Quase todos os princípios convencionais do marketing de produtos e serviços realizados pelas grandes organizações são perfeitamente aplicáveis a um território. Como já vimos na abertura deste capítulo, os locais precisam competir por recursos financeiros, técnicos e promocionais para poder atuar nos segmentos de atração de turistas, captação de investimentos e atração de novas empresas, entre outros assuntos.

As cidades (territórios) competem com outras cidades (de sua região ou de outros pontos do mundo, inclusive de outros continentes) por uma série de recursos, que na verdade são seus "clientes", como investidores, turistas, fundos públicos e até mesmo a atenção do governo central ao qual está submetido.

Considerando-se essa grande competição por recursos, o marketing territorial não deve mais ser realizado apenas para promoção e venda do território em determinado momento, mas deve se concentrar no desenvolvimento do território de maneira competitiva. E, nos dias de hoje, para ser competitivo, esse modelo de desenvolvimento precisa ter como pressuposto a sustentabilidade. É preciso olhar para o futuro, pensar o território em uma lógica de competitividade sustentável, para então poder promovê-lo.

Por outro lado, a adoção de um processo de marketing territorial estratégico em determinado local é difícil porque vai alterar as formas de comportamento e de gestão que vêm sendo adotadas por séculos. Para ser eficiente, um exercício de marketing territorial exigirá mudanças no modo como se observa, se pensa, se promove e se constrói um território. Para gestores públicos comprometidos apenas com a sua gestão e seus interesses, será difícil aceitar que a tomada de decisão deverá se basear nos atores (os diversos grupos comunitários com amplos interesses) e destinatários (o cidadão, chamado de contribuinte, porque este tem sido seu papel histórico) dos processos de intervenção territorial. Parece difícil de acreditar que aconteça, mas o gestor público vai ter de parar de pensar em suas ambições políticas e pensar na comunidade que o elegeu.

Assim, parece oportuno lembrar que o processo de planejamento de marketing territorial tende a ser bastante complexo, porque resulta, em parte, da necessidade de organizar parcerias estratégicas e, por outro lado, decorre de divergências de interesses individuais e coletivos dos cidadãos e os mais diferentes atores (CIDRAIS, 1998).

Marketing territorial e marketing de turismo

Em *Marketing público*, Kotler, Haider e Rein organizam o processo de planejamento estratégico de marketing territorial em cinco etapas: auditoria do local, visão e objetivos, elaboração de uma estratégia, plano de ação e implantação e controle.

O marketing territorial é conceituado como:

> O conjunto de ações levadas a cabo por um território (município, região, estado ou país) para agregar valor econômico e qualitativo a seus produtos e serviços, atrair investidores e investimentos, empresas e turistas e aumentar o nível de satisfação, bem-estar e qualidade de vida dos moradores. (KOTLER; HAIDER; REIN, 1994)

Mas, para isso, destaca-se a utilização regular e convencional do processo de planejamento de marketing de produtos e serviços das indústrias, a cidades e localidades, enquanto a análise SWOT e o posicionamento seriam a base fundamental do restante do processo.

Análise SWOT e posicionamento

Um programa de marketing consistente deve nascer de uma avaliação do cenário (que pode ser traçado geralmente utilizando-se a técnica SWOT), que por sua vez vai levar a uma série de definições quanto aos objetivos e ao público-alvo, permitindo conceber um posicionamento. Neste capítulo, mais adiante, abordamos esse processo, mas é importante ressaltar que posicionar um produto é mostrar para seu público-alvo qual é a diferença entre você e seus concorrentes, como já vimos.

Kotler, Haider e Rein (1994) afirmam que "Não devemos investir nenhum centavo na promoção do território sem saber quem somos, o que temos de único e exclusivo e como queremos ser vistos". E, para isso, temos de fazer uma avaliação Swot, das forças, fraquezas, oportunidades e ameaças – do inglês **s**trengths, **w**eaknesses, **o**pportunities e **t**hreats.

Uma avaliação SWOT é uma ferramenta utilizada para fazer análise de cenários, para verificar a posição estratégica de uma empresa ou organização (ou do local, no sentido mercadológico que estamos usando neste livro), no ambiente em questão. Essa avaliação deve ser a base para o planejamento estratégico. Criada na década de 1960 no Instituto de Pesquisa da Universidade de Stanford, Estados Unidos, a análise SWOT é muito fácil de operar e pode ser de grande ajuda para gestores de territórios.

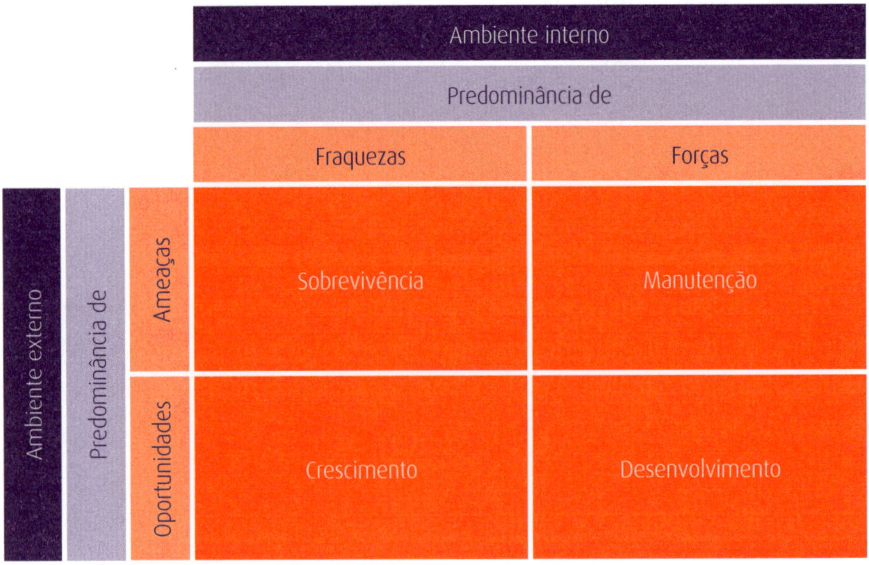

		Ambiente interno	
		Predominância de	
		Fraquezas	Forças
Ambiente externo	Predominância de	Ameaças	Sobrevivência	Manutenção
		Oportunidades	Crescimento	Desenvolvimento

Figura 2. **Quadro de análise SWOT**

Observe na figura 2 que os participantes do processo de planejamento devem avaliar os recursos do local com base em sua informação e percepção. Esses pontos devem cobrir todos os aspectos do território. A cada recurso, pode ser útil perguntar-se: nossas atrações naturais são um ponto forte ou um ponto fraco? Nossa rede de hospedagem é de qualidade ou não? Estamos muito longe ou próximos de um grande polo emissor de turistas? E as rodovias, são boas? Na medida em que formos escrevendo as respostas nos quadrantes, vamos dimensionar nossos "pontos". Assim, avaliamos atrações, paisagens, recursos naturais (cachoeiras, bosques, trilhas), recursos urbanísticos (praças, avenidas, centros comerciais), herança histórica (etnias, idiomas, prédios antigos), recursos de arquitetura, clima, gastronomia, produtos com potencial identidade geográfica, folclore, festas religiosas, acessos, capacidade de hospedagem, tipos de hospedagem, distância de centros emissores de turistas, concorrentes por proximidade, concorrentes por oferta de atrações, etc.

O ambiente interno pode ser controlado pela empresa ou pelo gestor público, mas o ambiente externo apresenta variáveis incontroláveis, por isso se deve conhecê-lo e monitorá-lo, para aproveitar as oportunidades e evitar ou minimizar as ameaças. Combinando esses dois ambientes, interno e externo, e estando ciente das principais forças, fraquezas, oportunidades e ameaças, é possível simplificar a análise do todo e entender qual o comportamento mais adequado neste momento, o que facilita a tomada de decisões na definição da estratégia para o município. Geralmente, a recomendação é:

» **Predominância de forças e boas oportunidades** – desenvolvimento: é preciso aproveitar os pontos fortes para desenvolver ao máximo as oportunidades detectadas.

» **Predominância de forças, com ameaças bastante visíveis** – manutenção: tirar máximo partido dos pontos fortes para minimizar os efeitos das ameaças identificadas.

» **Predominância de fraquezas, com boas oportunidades** – crescimento: desenvolver estratégias que minimizem os efeitos negativos dos pontos fracos e que, ao mesmo tempo, aproveitem as oportunidades detectadas para crescer.

» **Predominância de fraquezas, com ameaças bastante visíveis** – sobrevivência: as estratégias adotadas devem minimizar ou superar os pontos fracos e, tanto quanto possível, fazer face às ameaças; o importante é sobreviver.

Mais adiante, veremos um exemplo de aplicação da análise SWOT no planejamento de um projeto relacionado a turismo no município de Bituruna, no Paraná.

Em alguns países, existem modelos de sistemas de avaliação de recursos para facilitar o planejamento do desenvolvimento territorial. Veja a seguir um exercício de planejamento realizado em Portugal, que utiliza uma matriz de avaliação de recursos intangíveis para o planejamento turístico.

Modelo de avaliação de recursos intangíveis para o planejamento turístico

Muitos são os métodos de planejamento em turismo, alguns aplicáveis a patrimônios tangíveis e outros mais voltados à avaliação de recursos intangíveis. Em Portugal, a metodologia com foco no Patrimônio Cultural Imaterial é a Matriz PCI (Matriz Patrimônio Cultural Imaterial), um sistema de perfil qualitativo para inventários.

A Matriz PCI é o modelo proposto pelo Inventário Nacional do Patrimônio Cultural Imaterial de Portugal para resguardar o Patrimônio Cultural Imaterial naquele país. Sua utilização para fins de inscrição de manifestações imateriais é indispensável para sua eventual candidatura à Lista Representativa do Patrimônio Cultural Imaterial da Humanidade da Unesco ou à Lista do Patrimônio Cultural Imaterial que Necessita de Salvaguarda Urgente. A realização da Matriz PCI promove o envolvimento de comunidades, grupos e indivíduos no cuidado do seu próprio patrimônio imaterial, com a participação direta nas diversas fases de consulta pública relativas aos procedimentos de inventariação de Patrimônio Cultural Imaterial (PCI).

O documento apresentado a seguir se refere ao estudo dos recursos imateriais do território Terras de Barroso (onde se insere a comunidade de Boticas), realizado pela pesquisadora Josefina Olívia Salvado, relacionado ao Vinho dos Mortos, caso já exemplificado no livro.

Quadro 2. **Ficha de patrimônio imaterial: Vinho dos Mortos de Boticas**

Domínio	Práticas sociais, saberes e processos
Categoria	Prática de vinificação
Denominação	Vinho dos Mortos de Boticas
Contexto social	A lenda, a tradição e o processo de conservação do Vinho dos Mortos é perpetuado com orgulho, transmitindo esse patrimônio imaterial da vila de Boticas pelo mundo, a partir de um único produtor.
Contexto territorial	O Concelho de Boticas está situado na parte noroeste de Portugal, na província de Trás-os-Montes, distrito de Vila Real. Criado no âmbito da reforma administrativa de 1836, o atual Concelho de Boticas corresponde a uma parte da antiga Terras de Barroso.
Contexto temporal	Agosto de 2016 a março de 2017
Caracterização síntese	Processo de vinificação/sistema de envelhecimento vínico
Caracterização desenvolvida	Garrafas de vinho enterradas: tradição desde o século XIX
Contexto transmissão	*Estado de transmissão*: ativo. *Descrição*: prática. *Modo de aprendizagem das gerações mais novas*: a participação *Modo de transmissão*: oral, escrita, prática do processo. *Idioma*: português. *Agente de transmissão*: Câmara Municipal de Boticas; Comissão Vitivinícola Regional de Trás-os-Montes.
Origem/ historial	Foram as invasões francesas que vieram originar o aparecimento do que hoje é um verdadeiro *ex-libris* de Boticas – o Vinho dos Mortos. Foi durante a II Invasão Francesa (1808), em face do avanço das tropas comandadas pelo General Soult, que em sua passagem tudo saqueava, pilhava e destruía, que a população de Boticas, para tentar defender o seu patrimônio, decidiu esconder, enterrando o que tinha de mais valioso. O vinho foi enterrado no chão das adegas, no saibro, debaixo das pipas e dos lagares. Mais tarde, depois dos franceses terem sido expulsos, os habitantes recuperaram as suas casas e os bens que restaram. Ao desenterrarem o vinho, julgaram-no estragado. Porém, descobriram com agrado que estava muito mais saboroso, pois tinha adquirido propriedades novas. Era um vinho com uma gradação alcoólica de 10 a 11 graus, palhete, apaladado e com algum gás natural, que lhe adveio da circunstância de se ter produzido uma fermentação no escuro, à temperatura constante.

(cont.)

Fundamentação do processo	**Critérios genéricos de apreciação – patrimônio associado:** *Patrimônio cultural imaterial:* o processo de envelhecimento/conservação do vinho. *Estudos, metodologias e programas:* estão sendo desenvolvidos estudos acerca da existência, características do processo em cada freguesia do Concelho de Boticas, usando a metodologia Matriz PCI. *Riscos e ameaças:* no sentido da valorização das expressões culturais de matriz tradicional e da afirmação social e projeção da voz das comunidades, grupos e indivíduos que se constituem como detentores desse patrimônio, evitando o esquecimento, serão propostas a realização de workshops e recriações históricas, envolvendo temáticas das invasões francesas e o inventário e a valorização do Patrimônio Cultural Material e Imaterial em Boticas. Será crucial facultar a formação especializada na área da inventariação e salvaguarda do Patrimônio Cultural Imaterial (PCI), desenvolvendo competências específicas para a instrução dos procedimentos de proteção legal, com vista ao registro desse tipo de expressão cultural no Inventário Nacional do Patrimônio Cultural Imaterial (INPCI). Para tal, importa facultar competências quanto aos métodos e às técnicas de investigação etnográfica, e promover o envolvimento e a participação ativa dos detentores do PCI no processo da sua patrimonialização e salvaguarda. *Ações de salvaguarda:* as salvaguardas são medidas que buscam garantir a viabilidade e a sustentabilidade cultural do Patrimônio Cultural Imaterial, no Concelho de Boticas. Importa a sua identificação, a documentação, a investigação, a preservação, a proteção, a promoção, a valorização, a transmissão e a revitalização desse patrimônio (Vinho dos Mortos), nos seus diversos aspectos. Com o objetivo de salvaguarda e valorização desse patrimônio imaterial, serão propostas ações de boas práticas que incluam: mapeamento e pesquisa dos locais onde ainda se pratica esse processo, produção bibliográfica e audiovisual de materiais acerca do Vinho dos Mortos, ações educativas, formação, ações de formação, transmissão de saberes, apoio à organização e à mobilização comunitária e promoção da utilização sustentável dos recursos naturais.

(cont.)

Bibliografia	ASERO, V.; PATTI, S. From wine production to wine tourism experience: the case of Italy. *American Association of Wine Economists*. 2009. Disponível em: http://www.wine-econom-ics.org/workingpapers/AAWE_WP52.pdf. Acesso em: 13 jan. 2015. WILLIAMS, P. W.; KELLY, J. Cultural wine tourists: product development considerations for British Columbia's resident wine tourism market. *International Journal of Wine Marketing*, v. 13, n. 3, p. 59-76, 2001. HOBSBAWN, E. *A revolução francesa*. São Paulo: Paz e Terra, 1996.
Documentação	Fontes escritas (Estratégia Integrada de Desenvolvimento Territorial do Alto Tâmega, 2014; livros; artigos de imprensa; revistas de vinho); Fotografia (produção dos investigadores), Cartografia (CAOP 2013).

Fonte: Salvado (2017).

Identidade territorial falsa

Em marketing, quando o criador ou proprietário de um produto não o valoriza, os ganhos da herança positiva da promoção e da comunicação desse produto podem acabar sendo apropriados por alguém. Isso acontece também com produtos com identidade territorial. Veja a seguir como dois produtores se aproveitaram da identidade que não lhes pertencia por origem, por absoluta inércia dos verdadeiros proprietários.

Chapéu-panamá

É um chapéu que, apesar do nome, é fabricado no Equador, onde é chamado de *El Fino*, especialmente nas cidades de Cuenca e Montecristi. Tem cor clara e pode ter vários formatos. É fabricado com a palha da planta *Carludovica palmata*, encontrada no Equador e em países vizinhos, em que é tecida em trama fechada. Conta a lenda que o chapéu recebeu esse nome porque o presidente Theodore Roosevelt, dos Estados Unidos, usou-o durante uma visita ao canal do Panamá em 1906, tornando o uso desse chapéu uma moda, principalmente para homens. O *Dicionário Oxford*, no entanto, registra que esse termo é usado desde pelo menos 1834, então não se sabe ao certo por que o Panamá se apropriou dos chapéus do Equador.

Castanha-do-pará

O nome *castanha-do-pará* se refere ao local cuja extensão territorial no período colonial incluía toda a Amazônia brasileira; então, naquela época, se um produto vinha da Amazônia, vinha do Pará. E por isso a castanha ganhou esse nome. O maior produtor atualmente é o Acre, onde a castanha é chamada de "castanha-do-acre". Como as castanhas são encontradas em todos os estados amazônicos brasileiros – e não apenas nesses, mas também nos demais países amazônicos, como na Bolívia, que é a maior produtora mundial –, a espécie também é chamada castanha-da-amazônia. Confuso, não? De qualquer maneira, fica o registro.

Pamonhas de Piracicaba

As pamonhas (um tipo de bolinho de milho, feito artesanalmente) ganharam notoriedade na década de 1960, quando o município de Piracicaba fabricava mais de 5 mil pamonhas diariamente para serem vendidas por todo o estado de São Paulo. Eram produzidas na cidade de Piracicaba, São Paulo, e acabaram se tornando nacionalmente conhecidas, sobretudo por conta das chamadas do canal promocional que era utilizado, carros de vendedores com alto-falantes andando pelas ruas das cidades, anunciando: "Pamonha, pamonha de Piracicaba, é o puro creme do milho, venha provar minha senhora...".

Esse é o pregão da oferta das pamonhas gravada nos anos 1970 por Dirceu Bigelli, um vendedor de pamonhas que montou uma frota de veículos que vendiam pamonhas nas principais cidades do estado de São Paulo. A gravação foi copiada em fitas cassete por concorrentes e vendedores e se difundiu por todo o Brasil.

As pamonhas de Piracicaba já são parte da cultura popular brasileira, mas nunca foram valorizadas como um legítimo produto local, caipira, com forte identidade territorial. Ainda existem fabricantes de pamonhas com alto-falantes pelas ruas de São Paulo – será que são de Piracicaba?

Definição de mercados e planejamento de ações

Realizada a análise SWOT, é necessário definir os mercados, o papel dos atores e as ações em si. Kotler, Haider e Rein (1994) consideram quatro grandes grupos de potenciais "clientes" no marketing de cidades ou locais, os mercados-alvo de ações: 1. visitantes a negócios e turistas; 2. residentes e trabalhadores; 3. empresas e indústrias; 4. mercados de exportação.

4. Turismo, identidade e marketing territorial

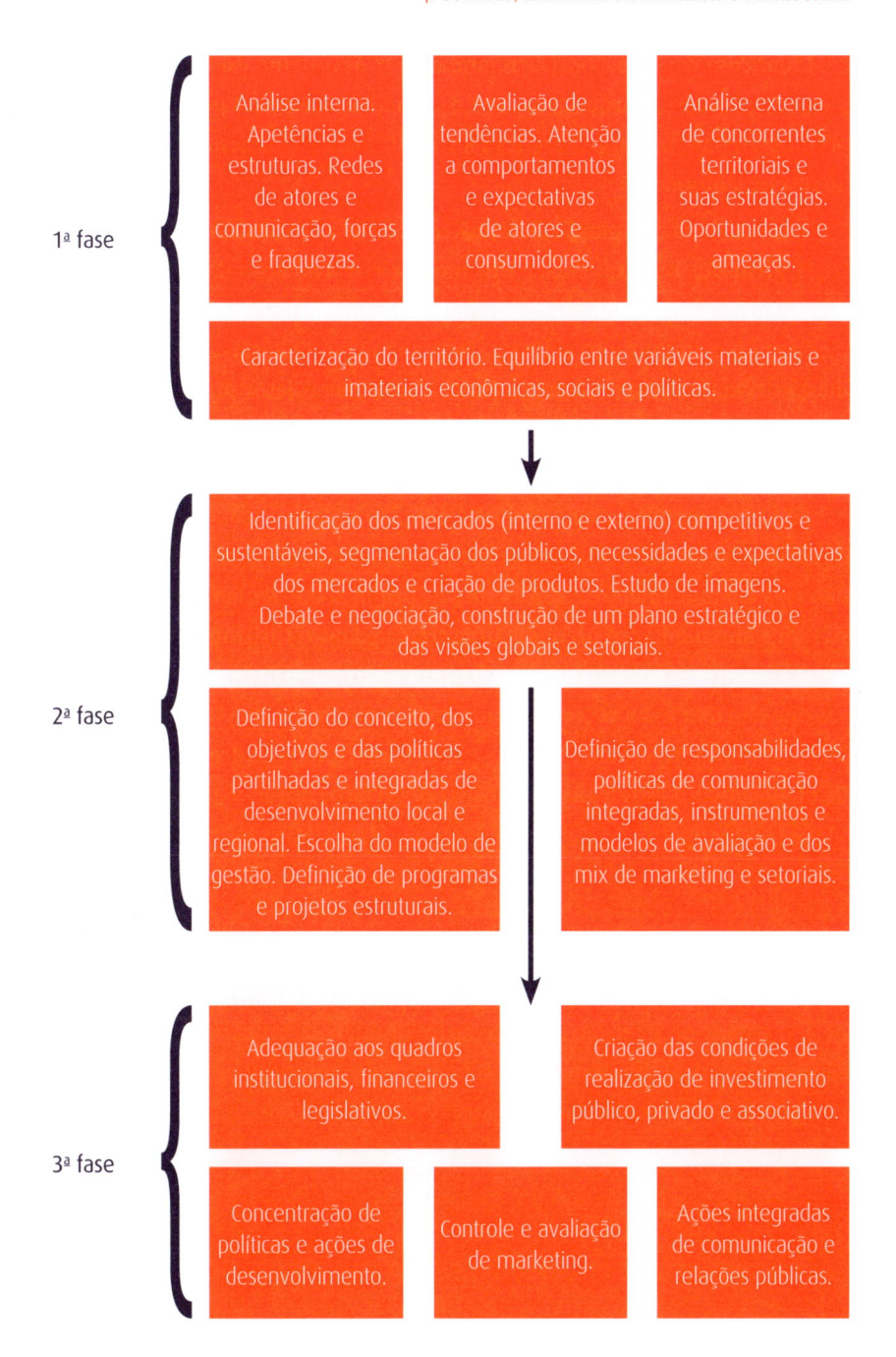

1ª fase
- Análise interna. Apetências e estruturas. Redes de atores e comunicação, forças e fraquezas.
- Avaliação de tendências. Atenção a comportamentos e expectativas de atores e consumidores.
- Análise externa de concorrentes territoriais e suas estratégias. Oportunidades e ameaças.
- Caracterização do território. Equilíbrio entre variáveis materiais e imateriais econômicas, sociais e políticas.

2ª fase
- Identificação dos mercados (interno e externo) competitivos e sustentáveis, segmentação dos públicos, necessidades e expectativas dos mercados e criação de produtos. Estudo de imagens. Debate e negociação, construção de um plano estratégico e das visões globais e setoriais.
- Definição do conceito, dos objetivos e das políticas partilhadas e integradas de desenvolvimento local e regional. Escolha do modelo de gestão. Definição de programas e projetos estruturais.
- Definição de responsabilidades, políticas de comunicação integradas, instrumentos e modelos de avaliação e dos mix de marketing e setoriais.

3ª fase
- Adequação aos quadros institucionais, financeiros e legislativos.
- Criação das condições de realização de investimento público, privado e associativo.
- Concentração de políticas e ações de desenvolvimento.
- Controle e avaliação de marketing.
- Ações integradas de comunicação e relações públicas.

Quadro 3. **O marketing territorial estratégico**
Fonte: Cidrais (1998).

Lidar com os atores locais e regionais provavelmente vai ser a parte mais complexa do processo, porque será preciso conciliar interesses pessoais, empresariais, políticos, o papel de organizações da comunidade e até mesmo mudar a definição de responsabilidades.

Também será complexa a definição de políticas de comunicação integradas entre si, além dos instrumentos e dos modelos de avaliação da eficiência de uso do mix de marketing. Programas e projetos estruturais precisarão ser definidos e implementados, indo muito além de campanhas publicitárias superficiais de alguns meses decididas pelo prefeito: os programas e os projetos precisarão ser definidos em um mutirão, envolvendo a sociedade civil e os atores empresariais – além do poder público.

Tudo isso e muito mais – que está exposto no quadro 3 – é a parte mais difícil de realizar, razão pela qual na grande maioria dos municípios e estados brasileiros não existe planejamento, e sim eventuais projetos que tentam ter uma lógica entre si. E mesmo quando se pretende organizar apenas o turismo (que é uma parte do planejamento estratégico integral do município), tudo é feito com base em processos que não têm foco na comunidade, mas somente em duas ou três atrações turísticas, de modo superficial. Veja, na página anterior, o quadro-resumo do processo de planejamento estratégico proposto por Álvaro Cidrais.

CINEMA E MARKETING TERRITORIAL

Em nossa sociedade da informação a imagem em movimento – cinema, séries de TV, vídeos de internet, etc. – tem uma poderosa influência sobre as pessoas e sobre a percepção do mundo. João Luís J. Fernandes (2016) resume no estudo *O cinema e o ecrã omnipresente nas paisagens e nas territorialidades contemporâneas*, publicado em Lisboa:

> O cinema pode modelar lugares, construir paisagens e condicionar territorialidades. Um filme mostra mas também esconde, aproxima e afasta a câmara, faz opções, enviesa perspectivas. Com isso imprime um rasto, estimulará atratividades e repulsas, terá efeitos diretos e indiretos que devem ser discutidos, promoverá uma imagem que se vai inscrevendo e condicionando comportamentos.

Segundo o pesquisador, a imagem de um lugar resulta de três fontes de informação:

1. A experiência vivida, o estar em um lugar como visitante, turista, empresário ou estudante. Esse contato direto, as impressões que daí resultam podem prolongar-se para o futuro e condicionar opções posteriores.
2. Em um segundo nível, essa percepção do lugar pode resultar de contatos e fontes indiretas de informação, que podem ser controladas *in situ* e resultar de estratégias proativas e profissionais de marketing territorial.
3. Por último, essa experiência indireta e distanciada de um espaço geográfico pode ser o resultado de fontes indiretas que, sem um evidente propósito para esse efeito, veiculem determinadas mensagens e conteúdos a respeito dos lugares representados.

De qualquer maneira, o cinema, de modo intencional ou não, sempre será um instrumento de formação de imagem, uma forma de sedução dos telespectadores, levando-os a tomar decisões em relação a espaços geográficos em um ou em outro sentido, como passar férias aqui e não ali, investir nesse lugar e não em outro, etc.

Muitos filmes podem agregar mais a um território do que uma campanha de propaganda, e eu quero lembrar alguns exemplos.

Filmes e séries de TV ajudam a divulgar um território se existir um movimento de marketing a favor, como a criação de roteiros, a mudança de nomes geográficos para o contexto cinematográfico, a promoção publicitária, e assim por diante. Alguns exemplos:

» **Havaí 5.0** – série de televisão produzida inicialmente pela CBS e veiculada entre os anos de 1968 e 1980, no Brasil, pela Rede Globo e pela Rede TV!, que se passa no Havaí. A partir de setembro de 2010, retornou às telas de emissoras de TV a cabo. Ganhou vários prêmios e foi a sensação da edição do ComicCon de 2010, quando foi anunciada a renovação da série.
» **Coração valente** – filme dirigido e estrelado por Mel Gibson, conta a história do escocês William Wallace, no século XIII, que, após a brutal morte de sua esposa, inicia uma rebelião contra o tirano rei inglês Edward I para libertar a Escócia para sempre. O filme mostra um país lindíssimo e ganhou os prêmios de melhor filme, melhor diretor, melhor fotografia, melhor maquiagem e melhores efeitos sonoros no Oscar.

» **Senhor dos Anéis** e **O Hobbit** – série de filmes baseados em livros do escritor J. R. R. Tolkien, entre 1937 e 1949, cujas ações se passam em um país imaginário. A trilogia foi filmada simultaneamente a partir de 1999 pelo diretor Peter Jackson, na Nova Zelândia (o condado foi situado na cidade de Matamata), que aproveita todo o sucesso junto a milhões de jovens e adolescentes, oferecendo roteiros turísticos adaptados. *O Senhor dos Anéis* está entre os grandes recordistas de bilheteria e ganhou dezessete prêmios no Oscar.

Mas sem investimento em marketing, os territórios perdem a oportunidade de se posicionar, atrair e ampliar negócios. Alguns exemplos mais conhecidos são:

» **Jurassic Park: o parque dos dinossauros** – filme de ação e aventura dirigido em 1993 por Steven Spielberg, foi filmado nas Ilhas Kauai, no Havaí, e também na Califórnia, mas muitas pessoas pensam que as filmagens foram feitas em algum país da América Central, onde o autor do livro, Michael Crichton, o localizou hipoteticamente. Na verdade, ninguém sabe onde as filmagens foram feitas.

» **Avatar** – um verdadeiro campeão de bilheteria, o filme de James Cameron de 2009 foi filmado parcialmente no Bosque de Pedra de Shilin, em Wulingyuan, uma região com paisagens fantásticas na província de Hunan, na China. Ambientado no ano 2154 d.C. no planeta Pandora, o filme utilizou outros locais e ambientes cenográficos filmados com câmeras e cenários desenvolvidos especialmente para o filme. Quem aproveitou mesmo o sucesso foi o Disney's Animal Kingdom, que criou uma área tematizada que cobra ingressos a partir de 102 dolares para um dia.

» **Piratas do Caribe** – a série dos filmes de ação e aventura estrelados por Johnny Depp foi filmada no Caribe, México, especialmente nas Islas Granadinas, mas também em Porto Rico, nas proximidades de Fajardo. Você sabia disso? Pois o México não aproveita a fama.

» **Lara Croft: Tomb Raider** – tem como principal *set* de filmagem a região do Camboja, em torno do templo de Angkor Wat, local sagrado que atrai cerca de 2 milhões visitantes por ano, grande parte deles cambojanos.

O SABOR DA IDENTIDADE COMUNITÁRIA NO SUVENIR GASTRONÔMICO

Suvenires são muito adquiridos pelos turistas como forma de lembrarem do espaço visitado e experienciado; ao lado de fotografias e vídeos, é a maneira mais permanente de aumentar a longevidade da experiência vivida no local visitado.

Os suvenires – as famosas lembrancinhas de viagem – podem ser classificados de cinco maneiras: a) produtos pictóricos, que apresentam imagens do destino turístico, como fotos, quadros e imagens; b) réplicas e ícones de elementos que fazem parte do destino, como um monumento ou uma obra de arte; c) produtos com a marca do destino turístico, como canecas, chaveiros, camisas, bonés; d) objetos naturais em seu estado bruto ou manufaturados, como pedras, conchas, sementes, flores; e) produtos locais, que incluem peças de arte, artesanato, arte folclórica, vestuário e produtos alimentícios (MEDEIROS; HORODYSKI; PASSADOR, 2017).

Nesse contexto, um suvenir gastronômico tem a vantagem de permitir que o visitante leve "um pedaço do território visitado" a amigos que não conhecem o território. Turbinado pelo crescente interesse dos turistas pela gastronomia de sabor local, um suvenir gastronômico, como doces, bebidas, embutidos, queijos, frios, geleias e outros, ajuda a agregar valor ao patrimônio gastronômico do território, que é parte da identidade daquela comunidade, e pode até mesmo ser um diferencial competitivo de um destino.

A especialista em genética de alimentos Katarzyna Buczkowska (*apud* MEDEIROS; HORODYSKI; PASSADOR, 2017) propõe a criação de uma categoria chamada "suvenires culinários", que poderia ser organizada em quatro subcategorias: alimentos e bebidas locais; utensílios de cozinha (*gadgets*); receitas, guias culinários e cardápios de lugares; e fotos de comidas, mercados, restaurantes locais, etc.

O enoturismo e o gastroturismo baseiam sua viabilidade econômica nos ingressos em visitas a adega, passeios nos vinhedos, degustação de produtos e nos suvenires culinários – especialmente na venda de balcão de vinhos, frios e queijos. Eu mesmo, quando visito uma região vinícola diferente, costumo comprar mapas, pôsteres e até mesmo literatura sobre as uvas e sobre a cultura de vinicultura local – além dos vinhos.

Assim os suvenires culinários são alimentos que representam um destino turístico, consumidos como lembranças do local visitado. E por isso podem ser melhores do que suvenires tradicionais, na medida em que dão a oportunidade de os turistas partilharem experiências com suas famílias e amigos em casa por meio do compartilhamento de um alimento e/ou bebida que lembra o local de origem pelo visual, sabor, textura ou aroma.

DEPOIMENTO

A identidade territorial dos vinhos da Península de Setúbal, Portugal

Depoimento de Henrique Soares, presidente da Comissão Vitivinícola Regional da Península de Setúbal (CVRPS), diretor da Associação de Desenvolvimento Regional da Península de Setúbal (Adrepes) e membro da Associação Casa da Baía de Setúbal, centro de promoção turística da Península de Setúbal, em que explica como a herança e a identidade da Península de Setúbal agregam valor social, cultural e econômico a um produto ou serviço produzido nesse território.

Fatores geográficos sempre agregam valor aos produtos e serviços, porque, ao mesmo tempo que identificam também diferenciam, e esses dois atributos são fundamentais em qualquer estratégia de marketing, designadamente o de matriz territorial.

Quando falamos de uma península, aprofundamos ainda mais esses atributos e puxamos pela imaginação de quem não a conhece, porque todas as penínsulas reconhecidas mundialmente são territórios muito especiais.

No nosso caso, somos a única península claramente reconhecida em Portugal; aposto que em um *quiz* feito a portugueses, se você nomear o termo "península", 90% dirão espontaneamente Setúbal e os 10% restantes provavelmente mencionarão Troia, que é outra península que fica também em nossa região – esta é formada no estuário do rio Sado, e a de Setúbal é formada por esse estuário e também pelo do rio Tejo.

A agregação de valor é imediata para quem nos conhece, mas hoje em dia também se torna fácil de apreender para quem nos busque na internet ou nas redes sociais. Este é um pequeno resumo do que se pode encontrar (neste caso, considerando a perspectiva que mais nos interessa – vinhos, gastronomia e turismo):

» Uma das mais antigas regiões vinícolas portuguesas (Moscatel de Setúbal), comemora, em 2019, 111 anos.

» Os dois maiores estuários portugueses (Tejo e Sado) e a maior zona costeira/ribeirinha do país – o melhor peixe de Portugal (Setúbal e Sesimbra) – "choco frito à setubalense" é uma iguaria reconhecida em todo o país.

» Um dos queijos de ovelha mais famosos de Portugal – o queijo de Azeitão.

» Algumas das praias mais fantásticas do país, algumas das quais vêm ganhando prestígio internacional, com vários prêmios europeus e mundiais em votações de âmbito livre e alargado por parte de turistas, distinções muito reconhecidas na Europa.

» Várias áreas de paisagem protegida (Parque Natural da Arrábida, Reservas Naturais dos Estuários do Tejo e do Sado, Arriba Fóssil da Costa da Caparica, etc.).

Poderia citar outros tantos fatores de atração que conferem reconhecimento e identidade a esse território da Península de Setúbal, fatores de caráter essencialmente geográfico/físico (clima, solos, orografia... o que Deus nos deu!), mas nada é tão marcante quanto os aspectos humanos e a forma como foram se expressando ao longo do tempo, mas para isso precisaria de dez vezes mais caracteres. É preciso mesmo que nos venham conhecer e visitar, em nossa "reserva natural", a Península de Setúbal!

ESTUDOS DE CASO

O cinema e a identidade da Serra Gaúcha

Em maio de 2018 foi inaugurado em Garibaldi, na Serra Gaúcha, um roteiro turístico baseado em locais de filmagens feitas na cidade. Esse roteiro é apenas uma das oportunidades de valorização e promoção da identidade da região nas telas do cinema e da televisão.

O Vale dos Vinhedos, na região serrana do sul do Brasil, é a primeira denominação de origem do país e o principal polo brasileiro produtor de vinhos. Ocupada a partir da chegada de imigrantes italianos, em 1875, a região é um dos mais importantes e qualificados polos do turismo brasileiro, porque, além de respeitar o visitante, mantém a cultura comunitária na arquitetura, na música, na gastronomia, nos produtos coloniais (com identidade geográfica concedida ou não), na produção de vinhos e até mesmo no uso cotidiano do idioma talian. Por isso, muitos filmes vêm sendo produzidos por lá.

Entre os filmes produzidos na região estão: *O filme da minha vida*, dirigido e estrelado por Selton Mello, lançado em 2018, com cenas rodadas em Garibaldi, Cotiporã, Veranópolis, Bento Gonçalves, Farroupilha, Monte Belo do Sul e Santa Tereza de Garibaldi e na estação ferroviária da fictícia cidade de Garibaldi, que é a cidade de Remanso no filme. Esse foi mais um filme captado pela Garibaldi Film Commission, organização municipal criada pela ex-secretária de turismo Ivane Fávero para atrair produções cinematográficas.

A Serra Gaúcha já foi cenário de muitos filmes, tanto para a televisão (especialmente em produções do Grupo RBS, que opera a Rede Globo no sul do país) como para o cinema. Um dos mais importantes foi *O quatrilho*, de Fábio Barreto, rodado em 1995 no município de Antônio Prado, que trouxe prestígio, divulgação e alavancou o turismo na região por um bom tempo. Com Glória Pires, Patrícia Pillar, Alexandre Paternost, Gianfrancesco Guarnieri, Cecil Thiré e José Lewgoy, o filme fez com que a própria comunidade olhasse com outros olhos para seu rico patrimônio. Além de ganhar muitos prêmios, foi indicado ao Oscar na categoria de melhor filme estrangeiro – o segundo filme brasileiro a ser indicado na categoria; o primeiro foi *O pagador de promessas*, de Anselmo Duarte, em 1962.

Outro filme rodado na região do Vale dos Vinhedos foi *Diminuta*, estrelado pelo ator brasileiro Reynaldo Gianecchini, rodado no fim de 2014. Trata-se de um longa-metragem dirigido por Bruno Saglia, que teve cenas filmadas na cidade de Flores da Cunha, algumas tomadas em Caxias do Sul, e uma parte feita na Itália. Também atuam no filme os atores brasileiros Carlos Vereza e Daniela Escobar.

Gramado: identidade territorial preservada que gera valor

Em janeiro de 2016, Gramado, cidade situada na Serra Gaúcha, foi eleita a quarta cidade com a melhor reputação do mundo, pelo Global Reputation Ranking, da plataforma de busca de hotéis Trivago (BITTENCOURT, 2016). Esse foi mais um dos muitos prêmios que a cidade recebeu nos últimos vinte anos. Uma das razões do sucesso é que a comunidade respeita sua própria identidade, respeita o turista e se faz respeitar por ele. Além de todas as atrações, Gramado tem um diferencial fundamental: é uma das poucas cidades do Brasil onde os políticos são tratados como funcionários da comunidade e não o inverso.

Nenhum político consegue fazer desmandos por muito tempo; nenhum morador pode tomar iniciativas que prejudiquem a comunidade. Porque em Gramado (e em praticamente toda a Serra Gaúcha) os moradores amam sua cidade e sabem que o melhor lugar do mundo é aqui e agora. A cidade é o "meu local e eu o quero limpo". O raciocínio é simples: educação gera respeito, que gera reputação, que gera valor, que gera qualidade de vida – que preserva a identidade.

Os aprendizados no caso de Bilbao

Um caso interessante é o da cidade de Bilbao, capital do País Basco, Espanha, onde foi realizada uma estratégia de regeneração urbana no contexto da execução de um projeto futurista que trouxe visibilidade internacional – mas que ensina outras coisas.

No final dos anos 1980, após um período de desindustrialização, a cidade de Bilbao se encontrava em uma profunda crise social e econômica, tendo adquirido uma imagem negativa e ameaçadora, potencializada por elevada taxa de desemprego, por graves problemas ambientais e urbanísticos, agravados pela instabilidade política – e especialmente por ameaças terroristas do grupo ETA. Essas eram as características do território naquele momento histórico.

A preocupação levou à proposta de uma série de estratégias baseadas em instrumentos de planejamento elaborados pelo governo basco. Um dos projetos com maior impacto na imagem da cidade, em nível local e internacional, foi a construção do Museu Guggenheim, do arquiteto Frank Lloyd Wright, pensado para projetar uma imagem moderna e atraente da cidade.

A qualidade arquitetônica do edifício e sua reputação, aliadas a uma forte campanha de marketing, trouxeram a tão ambicionada projeção internacional e o crescente afluxo turístico na região trouxe benefícios econômicos relevantes. No entanto, aos poucos, foram aparecendo alguns impactos negativos, entre os quais:

» baixa atração de investimentos e fraca capacidade de fixação de empresas;
» redução contínua do número de visitantes, provocada pela suspeita, fundada ou infundada, de ameaças terroristas;
» o custo das exigências financeiras do museu, muito altas;
» atração de poucos prestadores de serviço e de muitas moradias e hotelaria de luxo, o que resultou em um processo de gentrificação (KOTLER; HAIDER; REIN, 1994).

De fato, cerca de cinquenta anos depois, pode-se observar um desequilíbrio entre os interesses da população e os interesses dos empresários. O que se pode aprender é que é fundamental que, ao desenvolver estratégias de intervenção e promoção territorial, o objetivo vá além da construção de uma imagem desejável ou de projeção internacional; também devem ser considerados os interesses da comunidade, as características próprias do território e as ações que ajudam a reduzir riscos potenciais de agravar problemas sociais, econômicos ou ambientais.

O Carro Matto, a carroça maluca que faz marketing na Toscana

Esta é uma história curiosa: o Bacco Artigiano, um evento nascido no século XIV para homenagear os poderosos senhores de Florença, Itália, transformou-se, no século XXI, em uma estratégia de marketing e promoção que usa uma carroça louca a serviço do turismo e da valorização de uma identidade comunitária.

No centro da Itália, no período da Idade Média, entre os séculos XIV e o fim do século XVI, a propriedade e o uso das terras eram uma conquista política. Na Florença (então a capital da Renascença) de artistas como Dante Alighieri, Giotto e Leonardo da Vinci, onde se respirava a melhor criação artística do mundo e onde também impérios econômicos eram estruturados, produzir vinhos gerava não só receita e emprego mas também poder.

Então, na região de influência dos poderosos de Florença, os agricultores costumavam fazer uma oferta dos produtos da terra para que o Senhor de Florença que estivesse no poder desse a sua permissão de venda desses produtos. Os vitivinicultores enchiam uma carreta de boi com garrafas com o vinho local e levavam a seus senhores e à população para confraternizar – mas também certamente para agregar valor. Essa carreta, chamada de Carro Matto (carro louco, em tradução livre), na verdade, era um poderoso instrumento de marketing dos produtos do Val di Sieve, área de produção do vinho Rufina, que hoje é o Chianti Rufina DOCG. A estratégia promocional tanto deu certo que, ao longo de séculos, foi mantida, com algumas adaptações.

Atualmente, todos os meses de setembro (depois do período mais conturbado da vindima na Toscana), uma carroça puxada por bois da raça chianina, animais típicos regionais, carregada de garrafas de Chianti e acompanhada por milhares de turistas, pede a bênção do sacerdote local para os vinhos, e depois segue até a Praça da Senhoria, onde, na Igreja de San Carlo dei Lombardi, a comunidade de Rufina oferece à cidade de Florença (e aos turistas presentes, é claro) o vinho Chianti com as chaves do Conte Turicchi, e finalmente vai até a Praça da Senhoria para fazer a grande oferta de vinho. Enquanto isso, os turistas tiram fotos e compram lembrancinhas – quadros, bibelôs, camisetas, bonés e, claro, suvenires gastronômicos.

As pequenas aldeias vinhateiras e a valorização do patrimônio cultural português

No mundo todo, é possível encontrar pequenos vilarejos produzindo alimentos, azeites, queijos e vinhos extraordinários. Portugal vai fundo nesse assunto: prestigia o patrimônio de suas aldeias criando muitas iniciativas, especialmente a partir de três redes organizadas de aldeias, projetos que ajudam a preservar e promover a identidade cultural e potencializar o desenvolvimento econômico de pequenos núcleos comunitários, as aldeias.

A rede mais antiga é a Associação de Turismo de Aldeia (ATA), criada em 1999 para promover os territórios rurais em âmbito nacional, o que é feito pelo produto turístico Aldeias de Portugal. Atualmente, as aldeias da rede são oito, localizadas nos municípios de Melgaço (onde fica a Aldeia Branda da Aveleira), Ponte da Barca, Arcos de Valdevez, Ponte de Lima e Vieira do Minho, na região dos Vinhos Verdes, no norte do país. Em cada aldeia há várias casas preparadas (com selo de qualidade, é claro) para receber turistas, com lugar para duas a seis pessoas.

As Aldeias de Portugal realizam turismo no espaço rural, convidando o turista para uma estadia com total independência em uma casa rural, em plena natureza, atividade promovida pela Central Nacional do Turismo no Espaço Rural (Center), uma agência especializada em turismo rural e turismo de habitação, que opera também as marcas Solares de Portugal e Casas no Campo.

A outra rede integra o projeto das Aldeias Vinhateiras do Douro, denominação criada em 2001 e que atualmente é formada por seis aldeias que se destacam pela riqueza cultural e pelas paisagens únicas da região do Douro: Barcos, Favaios, Provesende, Salzedas, Trevões e Ucanha. Elas oferecem experiências únicas a partir de seu patrimônio, de sua gastronomia e de sua natureza envolvente.

A valorização turística foi reafirmada em 2007, ano em que foi realizada a primeira edição do Festival das Aldeias Vinhateiras, nos meses de setembro e outubro, com jogos populares, artesanato ao vivo, música popular, degustação de produtos, espetáculos e festas nas ruas e muita animação, temperadas pela gastronomia e pelos vinhos locais. Desde 2013, a rede tem um guia de turismo e sua gestão é feita pela Associação de Desenvolvimento Wine Villages (Adrav) Douro.

Mas, como os portugueses acreditam que sua cultura e tradição são elementos-chave de seu conceito de desenvolvimento como nação, em fevereiro de 2016, a Associação de Municípios Portugueses do Vinho (AMPV) deu o primeiro passo formal para a criação de mais uma rede de aldeias vinhateiras – e dessa vez em âmbito nacional. A proposta está baseada na experiência das Aldeias Vinhateiras do Douro e, como a Associação de Municípios Portugueses do Vinho já coordena a Rede de Museus Portugueses do Vinho, reunindo entidades de cerca de duas dezenas de municípios associados, as duas redes vão operar em conjunto.

Os turistas que querem o Vinho dos Mortos

Essa é uma história que começou durante uma guerra e se transformou em uma tradição regional, com personalidade exclusiva, em uma pequenina cidade de menos de 5.800 habitantes, no norte de Portugal, chamada Boticas. E Boticas é o único lugar do mundo onde se produz o Vinho dos Mortos, embora também no Brasil o evento seja comemorado, sem nenhuma razão que não seja apenas para pegar carona no turismo.

No ano de 1808, os franceses invadiram pela segunda vez Portugal, durante as Guerras Napoleônicas. Ressabiados com a destruição de vinhedos, garrafas de vinho e adegas que havia acontecido um ano antes, na primeira invasão, os moradores de Boticas, um vilarejo de Trás-os-Montes bem próximo da fronteira com a Espanha, por onde os franceses entravam, decidiram enterrar os vinhos para que não fossem destruídos ou consumidos pelos franceses. E o local disponível, além das adegas, para não despertar suspeitas, foi o cemitério local. Só para lembrar, durante esse período de invasões (de 1807 a 1811), a família real portuguesa decidiu refugiar-se no Brasil para não ser presa e só retornou depois que a Inglaterra, sua aliada, conseguiu expulsar os franceses, em 1812.

Quando o exército dos franceses, liderado pelo Marechal Janot, retirou-se, os moradores desenterraram os vinhos e tiveram uma agradável surpresa: a bebida estava com sabor ainda melhor e se tornara um vinho com graduação de 10 a 11 graus, de cor clara, saboroso, com uma gaseificação natural em função da temperatura constante e da escuridão do solo. Com base nessa experiência, os produtores decidiram enterrar todos os anos parte dos vinhos produzidos, e assim nasceu a tradição que ganhou o nome "dos Mortos", porque afinal os vinhos estavam enterrados e foram dados como mortos.

Passaram-se quase duzentos anos e, no início dos anos 2000, a Cooperativa Agrícola de Boticas (Capolib), especializada em carne bovina da raça barrosã, decidiu investir na história para retomar o turismo. Com mobilização coletiva, foi criado um projeto para recuperar e preservar a tradição, inicialmente solicitando uma inscrição do tipo de Vinho dos Mortos no Registro Nacional de Propriedade Industrial, e estudando o melhor terroir.

O vinho foi classificado como Vinho Regional Transmontano, e a microrregião vinhateira definida pelo Concelho de Boticas incluiu as freguesias de Boticas, Granja, Pinho, Bessa, Quintas, Valdegas e Sapelas. As uvas utilizadas para fazer o Vinho dos Mortos foram definidas como Alvarelho e Malvasia Fina (brancas), Bastardo, Tinta Carvalha e Tinta Coimbra (tintas), e o vinho final, que fica enterrado por cerca de seis meses, é um tinto de corpo leve e de alta acidez, com nível baixo de álcool em razão do clima do norte de Portugal.

A história do Vinho dos Mortos é um exemplo da sagacidade e da resistência do povo de Boticas para preservar o seu patrimônio. A comunidade cultua a história, existe até um pequeno museu da prefeitura na cidade, mas atualmente o único produtor registrado, que luta para manter a tradição, é Armindo Sousa Pereira, que mantém vivo o saber que herdou dos avós e dos pais, com uma produção reduzida de cerca de 7 mil garrafas do "néctar do além" por ano. Seu produto é comercializado na cidade e em um site por cerca de 8 euros a garrafa. Mas, recentemente, o senhor Armindo e a comunidade de Boticas ganharam um reforço vindo do mundo acadêmico.

Em agosto de 2017, a pesquisadora portuguesa da Universidade de Aveiro Josefina Oliva Salvado realizou um estudo metodológico sobre essa história, publicado na *Revista Brasileira de Pesquisa do Turismo de São Paulo*. O estudo utilizou duas metodologias quantitativas para o reconhecimento dos atributos do destino turístico e para sustentar a proposta de criação de valor na experiência de enoturismo. As metodologias são a Matriz PCI (Matriz Patrimônio Cultural Imaterial) para o inventário dos recursos endógenos, seguindo as orientações da UNESCO quanto à "Salvaguarda de Patrimônio Cultural", e o modelo dos 6 As de Buhalis (2003), que avalia seis aspectos: atrações, acessibilidade, amenidades, alojamento, available packages (pacotes turísticos) e auxiliares (serviços auxiliares). Esse estudo facilitou o planejamento das atividades turísticas na região de Boticas – e, se for utilizado com sabedoria, ajudará a comunidade a manter a tradição viva.

No Brasil, também há interessados na tradição do Vinho dos Mortos. Essa história vem sendo ressuscitada pela adega Quinta do Olivardo, em São Roque (SP), de origem e tradição portuguesa. Todos os terceiros sábados de cada mês, à noite, a vinícola convida os seus visitantes a percorrerem o corredor das videiras com tochas ou lanternas para desenterrar e degustar garrafas de vinho. E, se quiser, o visitante pode comprar uma garrafa e enterrá-la para ser bebida seis meses mais tarde.

ENTREVISTAS

A valorização dos territórios das pequenas DOs da Espanha

Em abril de 2018 entrevistei José Luis Hernández, presidente da Rede de Pequenas Denominações de Origem (DOs) da Espanha, organização que congrega centenas de pequenos e médios produtores de 59 regiões vinícolas de pequeno porte no país. Todas as vinícolas são certificadas por um padrão de qualidade similar ao utilizado na avaliação de vinhos das grandes e tradicionais DOs. Os vinhos são competitivos em concursos internacionais, mas são uma raridade fora da Espanha, porque o volume de produção é praticamente absorvido pelos próprios espanhóis.

Produzir vinho na Espanha é uma atividade de grande responsabilidade, que envolve toda a família. O país tem a maior área de vinhedos do mundo, está entre os três maiores produtores, exportadores e também é um dos maiores consumidores de vinhos – em 2017, a exportação atingiu 2,8 bilhões de euros! Para qualificar o produto, a Espanha tem 62 áreas geográficas, produzindo vinhos certificados com um selo de denominação de origem. Rioja é a mais conhecida, mas outras DOs também têm prestígio internacional, como a das cavas da Catalunha, de Valência, Aragão, Navarra e Extremadura; dos vinhos Penedés; dos vinhos fortificados de Jerez de la Frontera e das Ilhas Canárias, que eram os preferidos de dois escritores universais, William Shakespeare e José Saramago.

A produção de vinhos certificados na Espanha não se limita apenas às 62 grandes regiões vinícolas de grande porte com DO, mas também a 59 pequenas regiões que participam da organização das Pequeñas D.O.'s, da Espanha. Veja a seguir a entrevista com José Luis Hernández, criador desse programa original e único, porque não existe outra associação similar no mundo.

4. Turismo, identidade e marketing territorial

R. Ruschel – O que caracteriza uma pequena DO? Quais são os critérios: área plantada, casta de uvas, número de associados... O critério é a identidade cultural?

J. L. Hernández – Para uma região vinícola ser considerada uma pequena DO, dois requisitos devem ser atendidos: qualidade e quantidade.

Critério de qualidade: ser incluída nos quatro degraus mais altos da pirâmide de qualidade dos vinhos espanhóis. Existem seis categorias em termos de qualidade de vinhos na Espanha, sendo que os mais baixos são vinhos de mesa. Para uma região vinícola ser considerada uma pequena DO, o primeiro critério é pertencer a qualquer uma das quatro maiores categorias dessa pirâmide; no total, reunimos 59 regiões vinícolas, que se distribuem desta forma:

1. Vinhos de Pago (existem 14 pequenas DOs);

2. Vinhos com Denominação de Origem Qualificada (há 1 pequena DO);

3. Vinhos com Denominação de Origem (existem 37 pequenas DOs);

4. Vinhos com IGP (existem 7 pequenas DOs).

Portanto, nós não consideramos como pequena DO os vinhos produzidos nas categorias Vinos de la Tierra e Vinos de Mesa.

Critério de quantidade: o segundo critério que uma região de vinho deve atender para ser considerada como Pequena DO é ter uma produção abaixo de 4,5 milhões de garrafas; esses dados são publicados pelo Ministério da Agricultura e são os dados oficiais coletados em cada região vinícola.

R. R. – Uma DO precisa de uma certificação oficial? Quem certifica? Quem controla?

J. L. – As denominações de origem precisam da certificação oficial aprovada pela União Europeia, a partir de Bruxelas; nossa organização simplesmente promove as DOs com o selo que lhes foi concedido pela União Europeia.

R. R. – Existem organizações similares às Pequeñas D.O.'s da Espanha em outros países?

J. L. H. – Não conheço a existência de organizações semelhantes à nossa em outros países do Velho Mundo. Sabemos que nem a França, Itália ou Portugal têm uma organização privada como a nossa para tentar impulsionar pequenas regiões produtoras de vinho, em seus respectivos países.

R. R. – Como o projeto Pequeñas D.O.'s é financiado?

J. L. H. – Pequeñas D.O.'s é um projeto totalmente privado, que não recebe nenhum tipo de ajuda governamental. Para financiar o que fazemos, organizamos eventos, degustações e feiras com a ideia de promover as vinícolas dessas pequenas DOs. Uma das ações mais importantes na mídia tem sido a organização do Concurso Nacional de Vinos de Pequeñas D.O.'s, um concurso do qual só podem participar os vinhos das vinícolas que fazem parte das nossas Pequeñas D.O.'s.

R. R – Qual a importância das Pequeñas D.O.'s espanholas para o país, considerando as dimensões econômica, social, cultural e vitivinícola? Os últimos relatórios de enoturismo mostram que cerca de 2,5 milhões de visitantes estiveram nas rotas do vinho certificadas em 2017. Como se inserem as Pequeñas D.O.'s da Espanha nesse contexto de visitação e atração turística?

J. L. H. – Além de buscar a promoção de pequenas regiões vinícolas espanholas, o projeto Pequeñas D.O.'s também tem outros propósitos, não necessariamente econômicos:

1. Objetivos ambientais: o fato de promover os vinhos produzidos nessas pequenas regiões vinícolas também nos leva a proteger a vinha, de alguma forma. Nos últimos anos, a Espanha abandonou cerca de 60% da área de vinhedos plantados, o que significa contribuir para o desmatamento de terra. Nosso projeto tem como objetivo contribuir para a manutenção da vinha e, em alguns casos, para recuperar vinhedos praticamente perdidos, o que é, sem dúvida, uma forma de proteger a terra e contribuir para a sua manutenção.

2. Objetivos sociais: regiões vinícolas pequenas nas quais nos concentramos estão localizadas em ambientes com uma alta taxa de abandono da população, porque os jovens não encontram nessas áreas incentivos financeiros e oportunidades para se estabelecer no território. Por essa razão, nosso projeto busca fixar a população nessas áreas vitivinícolas nas quais a população tem se reduzido com o passar dos anos.

3. Objetivos econômicos: apostar no vinho dessas regiões vitivinícolas atrairá outros tipos de investimento para o setor, sendo o turismo rural um dos segmentos que logicamente serão favorecidos nessas pequenas regiões vitivinícolas.

R. R. – Quais são os principais desafios enfrentados pelas pequenas DOs na Espanha nos próximos dez anos?

J. L. H. – Um dos grandes desafios que as pequenas regiões vitivinícolas enfrentam é saber escapar à globalização alcançada em todos os setores econômicos, em geral, e no setor vinícola, em particular. Quando falamos em fugir da globalização, queremos dizer que as nossas pequenas DOs devem continuar a produzir com base nas variedades da sua própria região vinícola, e não copiar os vinhos que são feitos em outras partes do planeta, uma vez que são mais comerciais e mais fáceis de vender do que vinhos feitos com as variedades dessas áreas de produção. Muitas das nossas pequenas DOs produzem vinhos com suas próprias variedades, que não são conhecidas internacionalmente, e, portanto, é mais difícil vender vinhos feitos com essas variedades. Esse é o principal desafio: manter a identidade. (RUSCHEL, 2018f)

Na Espanha, artistas protegem a identidade territorial dos vinhos

Na Espanha, a Conferencia Española de Consejos Reguladores Vitivinícolas (CECRV) lidera uma mobilização com artistas em uma campanha de valorização da certificação da origem dos vinhos, o Movimiento Vino D.O. A campanha traz vários vídeos gravados voluntariamente por artistas, que são veiculados em algumas emissoras de TV que apoiam a mobilização, na web e nas redes sociais.

O movimento dos artistas é parte de um manifesto a favor dos valores expressados pela cultura do vinho e que representam a identidade de cada território, como a importância da identidade, do consumo responsável, do respeito ao meio ambiente e à diversidade, da qualidade e da cultura de segurança alimentar.

O Movimiento Vino D.O. foi lançado em março de 2017 e também atende a uma situação muito específica, como informa o presidente da CECRV, Amancio Moyano: "Embora o vinho do nosso país esteja entre os de mais alta qualidade e diversidade do mundo, o consumo tem diminuído nos últimos anos, com 16 a 18 litros *per capita*, em contraste com os vizinhos franceses, portugueses e italianos, de cerca de 40 litros. A campanha valoriza a origem e tem como objetivo criar novos consumidores entre os jovens, para que considerem a cultura do vinho como parte de nosso tempo, de nosso estilo de vida e de nossa cultura". (RUSCHEL, 2017b)

Como a Città del Vino preserva a identidade dos vinhos italianos

Em 2015, na cidade de Florença, fiz uma entrevista exclusiva com Paolo Benvenuti, o presidente da Città del Vino. A entidade reúne milhares de pessoas e organizações em municípios que têm sua economia fortemente influenciada pela vitivinicultura na Itália. Nessa conversa, Benvenuti revelou como os trades de vinho e turismo da Itália consideram de importância estratégica a proteção e a valorização da identidade territorial de seus vinhos e territórios.

A Associação Italiana de Cidades do Vinho – a Città del Vino – é a maior e mais eficiente associação de produtores de vinho do mundo. Entre seus associados estão 430 prefeituras, centenas de produtores responsáveis por 80% dos vinhedos italianos com certificação de origem (220 mil hectares DOC e DOCG), a maioria de pequeno porte; 4.052 hotéis, que empregam 142 mil pessoas; 1.500 hotéis-fazenda de agriturismo, com 18 mil camas; 189 campings e locais para campismo; e centenas de restaurantes, bares de vinho, lojas e adegas de qualidade.

A missão da Città del Vino é fazer respeitar e promover a identidade do vinho italiano – que é considerado alimento naquele país – em um ambiente de excelência técnica. "Somos uma rede de pequenos municípios que tenta reduzir a parte negativa da globalização", diz Benvenuti. Leia a seguir alguns trechos da entrevista.

R. Ruschel – O que é a Città del Vino?

P. Benvenuti – A Associação Italiana de Cidades do Vinho foi fundada em 1987, um ano após o estabelecimento do slow food e do lançamento da primeira edição do *Guia de vinhos italianos*. Revendo os anos 1980 e as profundas mudanças que estão ocorrendo na agricultura e na viticultura desde aqueles tempos, Città del Vino se manteve como a intérprete dessas inovações, porque tem o objetivo de dar voz aos territórios, às pequenas cidades e a quem está no campo, a fim de torná-los protagonistas do desenvolvimento econômico, levando em conta os valores das comunidades locais, especialmente no domínio dos serviços, a partir de alimentos para o turismo. Somos uma rede de pequenos municípios que tenta reduzir a parte negativa da globalização.

A excelência dos vinhos italianos é obtida em pequenas cidades: Montalcino, onde é produzido o Brunello (talvez o mais famoso vinho do mundo), tem apenas 5 mil habitantes; Barolo e Barbaresco, em conjunto, não excedem esses números. Oitenta por cento dos municípios associados a Città del Vino têm menos de 10 mil habitantes. A vinicultura dá força a essas pequenas comunidades, às áreas rurais. A Associação representa todas as regiões vinícolas italianas, é a maior rede de cidades de preservação de valores, de identidade, a primeira na Europa e no mundo. No sentido mais político e administrativo, os municípios representam o primeiro nível – e talvez o mais importante – de um governo democrático sobre os territórios e os interesses das suas comunidades, empresas e cidadãos, que devem trabalhar em conjunto para o desenvolvimento econômico e social sustentável da sua própria realidade.

R. R. – Como trabalha a associação?

P. B. – A associação opera por meio de uma empresa de serviços – a CI.VIN.Srl – com colaboradores e parceiros e faz a gestão da comunicação da marca (na internet e nas redes sociais, em impressos e em publicações *on-line*) e outras atividades. As principais são a competição internacional de vinhos Selezione del Sindaco, a principal da Itália e uma das maiores do mundo, e o Calici di Stelle, o maior evento de verão entre produtores de vinhos de cidades italianas, realizado na noite das estrelas cadentes, em 10 de agosto – esse evento é realizado em parceria com o Movimento Turismo del Vino. Nós também buscamos oportunidades de experiências reais, com estágios específicos para jovens enólogos, e outras atividades técnicas.

Por outro lado, a Associação se mobiliza nos caminhos cultural, político e estratégico, como uma união dos territórios italianos de vinho, trabalhando com os temas de planejamento urbano, paisagem, gastronomia, alimentos e turismo do vinho. É a única associação na Europa a ter um Observatório do Turismo do Vinho, que produz anualmente um relatório sobre o assunto. A Associação também mantém forte relacionamento com a Rede Europeia de Cidades do Vinho (Recevin) e, com uma pequena alteração no Estatuto, todas as cidades italianas de vinho também serão um membro dessa associação europeia. A partir daí, os municípios se associarão de maneira coletiva também à Associação Internacional de Enoturismo (Aenotur) e apoiarão a Rota Cultural Europeia Iter Vitis.

A Città del Vino também é uma instituição cultural, com a Biblioteca das Cidades do Vinho, que já reúne mais de 3 mil volumes e com uma exposição permanente de arte moderna dedicada ao vinho. Os municípios associados pagam uma taxa anual com base no número de habitantes: a partir de 100 euros para os municípios que têm menos de quinhentos habitantes, chegando a 2.673 euros para os municípios com mais de 20 mil habitantes.

R. R. – Quais os benefícios para os associados?

P. B. – A vitivinicultura italiana é talvez uma das mais ricas e complexas do mundo: temos 403 vinhos com denominação de origem e 118 com indicações geográficas. Cerca de quinhentos diferentes tipos de uva são necessários para produzir esses vinhos e todos eles estão inscritos em um Catálogo Nacional, além de outras milhares de pequenas castas de uva locais. Temos mais de 5 mil feiras e festivais dedicados ao vinho todos os anos na Itália, e centenas de museus e adegas públicas. Esses são valores que têm de ser protegidos e promovidos pela Città del Vino. Em todas as regiões italianas, a produção de vinho dá à luz micro ou macroeconomias, culturas, ambientes e paisagens, cada uma diferente da outra. Estudamos esses fenômenos, destacamos as culturas e as melhores práticas, desenvolvemos habilidades que podem ser compartilhadas. E divulgamos tudo isso com uma boa comunicação.

R. R. – Quais são os compromissos de uma cidade do vinho associada?

P. B. – No estatuto da associação adotamos uma "Carta da qualidade das cidades do vinho", que pretende representar nossas metas e os compromissos que uma cidade deve tomar para melhorar a vitivinicultura e a produção de alimentos além do vinho, na convicção de que todas as cidades do vinho têm um traço comum que as une, mas cada uma delas pode e deve ser diferente da outra. Temos 10 princípios: proteger o vinho e sua paisagem; simplificar os procedimentos administrativos para as empresas no setor do vinho; esclarecer o papel do vinho; disponibilizar a cultura do vinho; participar de rotas de turismo do vinho; abrir as adegas a visitantes; oferecer os vinhos em restaurantes; inserir os vinhos em seus ambientes; produzir o vinho com criatividade; e participar com a maior frequência possível das atividades do calendário do vinho.

R. R. – Como a Città del Vino universaliza o enoturismo?

P. B. – A valorização da cultura do vinho não pode ser improvisada. Hoje existem relativamente poucas áreas nas quais você não sente que está em um lugar "excepcional" do ponto de vista do vinho e sua cultura. Isso não significa apenas ter vinícolas, mas ter todo um sistema que funciona em torno do vinho. Um dos mais belos projetos que estamos promovendo é o Cellars sem Barreiras (adegas sem barreiras), um projeto que visa a remoção de dificuldades físicas e a melhoria do acesso às caves de vinho e territórios para as pessoas com deficiência e cadeirantes. Atender deficientes é não só uma atitude turística mas principalmente de cidadania, porque o turista não pode ser tratado como um cordeiro indo para o matadouro. O nosso trabalho vai neste sentido: se a qualidade de vida do cidadão em sua comunidade é positiva, ele tem de fazer com que isso seja percebido pelos outros – especialmente em um território de vinho.

R. R. – Como a Città del Vino contribui institucionalmente com a indústria, de maneira geral?

P. B. – Há mais de quinze anos, nós estabelecemos o Observatório do Turismo de Vinhos, em colaboração com várias universidades e com a organização de pesquisa italiana Censis. Esses relatórios têm fornecido um apoio valioso para identificar a oferta e a procura e estabelecer diretrizes para as empresas em geral que estejam em territórios de vinho. A Città del Vino tem contribuído também para a legislação italiana sobre turismo e roteiros do vinho e com o texto da Carta Europeia de Enoturismo. Em 2016, a Itália vai sediar a parte europeia do Congresso Internacional de Turismo do Vinho e uma cidade italiana será nomeada como Cidade Europeia do Vinho. (RUSCHEL, 2015e)

Referências

ARAÚJO, H. Navio-escola Sagres: uma casa portuguesa no Rio de Janeiro. **O Jogo**, 16 ago. 2016. Disponível em: https://www.ojogo.pt/internacional/rio-2016/noticias/interior/navio-escola-sagres-uma-casa-portuguesa-no-rio-de-janeiro-5341704.html. Acesso em: 4 jan. 2019.

BABCOCK, B. A.; CLEMENS R. Geographical Indications and Property Rights: Protecting Value-Added Agricultural Products. **MATRIC Briefing Papers**, n. 7, 2004. Disponível em: http://ageconsearch.umn.edu/bitstream/18715/1/bp040007.pdf. Acesso em: 6 dez. 2018.

BITTENCOURT, J. Gramado é a 4ª cidade com melhor reputação. **Rádio Bandeirantes**, 15 jan. 2016. Disponível em: https://noticias.band.uol.com.br/cidades/rs/noticias/100000789795/em-lista-gramado-e-a-4a-cidade-com-melhor-reputacao-do-mundo.html. Acesso em: 8 jan. 2019.

BOLSON, B. Dialeto de imigrantes italianos se torna patrimônio brasileiro. **G1**, 20 nov. 2014. Disponível em: http://g1.globo.com/jornal-hoje/noticia/2014/11/dialeto-de-imigrantes-italianos-se-torna-patrimonio-brasileiro.html. Acesso em: 4 jan. 2019.

BRASIL. **Constituição da República Federativa do Brasil de 1988**. Brasília, DF: Presidência da República, [2016]. Disponível em: http://www.planalto.gov.br/ccivil_03/Constituicao/Constituicao.htm. Acesso em: 28 nov. 2018.

_____. Casa Civil. Lei nº 9.279, de 14 de maio de 1996. Regula direitos e obrigações relativos à propriedade industrial. **Diário Oficial da União**, Brasília, 1996. Disponível em: http://www.planalto.gov.br/ccivil_03/Leis/L9279.htm. Acesso em: 27 nov. 2018.

_____. Inpi. Decreto nº 1.355, de 30 de dezembro de 1994. Promulga a ata final que incorpora os resultados da rodada Uruguai de negociações comerciais multilaterais do GATT. **Diário Oficial da União**, 31 dez. 1994. Disponível em: http://www.inpi.gov.br/legislacao-1/27-trips-portugues1.pdf/@@download/file/27-trips-portugues1.pdf. Acesso em: 6 dez. 2018.

_____. Inpi. Instrução normativa nº 25, de 21 de agosto de 2013. Estabelece as condições para o registro das indicações geográficas. **Diário Oficial da União**, 21 ago. 2013. Disponível em: http://www.inpi.gov.br/legislacao-1/in_25_21_de_agosto_de_2013.pdf. Acesso em: 29 nov. 2018.

_____. Ministério da Agricultura, Pecuária e Abastecimento. **O que é indicação geográfica (IG)?**. 6 jan. 2017. Disponível em: http://www.agricultura.gov.br/assuntos/sustentabilidade/indicacao-geografica/o-que-e-indicacao-geografica-ig. Acesso em: 4 jan. 2019.

_____. Ministério do Desenvolvimento Agrário. **Referências para o desenvolvimento territorial sustentável.** Brasília: Condraf/Nead, 2003.

BRASIL recupera registro da marca "açaí". **Agência Estado**, 21 fev. 2007. Disponível em: http://g1.globo.com/Noticias/Economia_Negocios/0,,AA1464046-9356,00-BRASIL+RECUPERA+REGISTRO+DA+MARCA+ACAI.html. Acesso em: 3 jan. 2019.

BRASILTALIAN. **Site institucional**. [s.d.] Disponível em: http://www.brasiltalian.com/. Acesso em: 7 jan. 2019.

BUHALIS, D. **eTourism**: Information Technology for Strategic Tourism Management. London: Pearson, 2003.

CIDRAIS, A. **O marketing territorial aplicado às cidades médias portuguesas:** os casos de Évora e Portalegre. Originalmente apresentada como dissertação de mestrado, Universidade de Lisboa, 1998. Disponível em: http://www.ub.edu/geocrit/b3w-306.htm. Acesso em: 6 dez. 2018.

COM GEORGE CLOONEY, Nespresso tem 35,5% de crescimento de vendas no Reino Unido. **Cafeicultura**, 14 abr. 2010. Disponível em: http://revistacafeicultura.com.br/?mat=31809. Acesso em: 7 jan. 2019.

DCLOGISTICS BRASIL. **Dos 10 principais produtos exportados do Brasil, 7 são produtos agrícolas.** [S.l.], 11 out. 2017. Disponível em: http://www.dclogisticsbrasil.com/principais-itens-exportados-pelo-brasil-sao-produtos-agricolas/. Acesso em: 28 nov. 2018.

DRUCKER, P. **The Essential Drucker**: the Best of Sixty Years of Peter Drucker's Essential Writings on Management. New York: HarperBusiness, 2008.

EATALY BRAZIL. **Site institucional.** Disponível em: http://www.eataly.com.br/. Acesso em: 6 dez. 2018.

EX-CHEFE DA MÁFIA SICILIANA tentou suicidar-se. **SAPO**, 11 maio 2012. Disponível em: http://tpa.sapo.ao/noticias/internacional/ex-chefe-da-mafia-siciliana-tentou-suicidar-se. Acesso em: 4 jan. 2019.

FALCADE, I. A geografia da uva e do vinho no Brasil: território, cultura e patrimônio. *In:* _____. **A uva e o vinho como expressões da cultura, patrimônio e território**. Porto Alegre: Instituto de Geociências, 2017. p. 103.

FEDERAÇÃO DOS CAFEICULTORES DO CERRADO. **Site institucional.** Disponível em: http://cafedocerrado.org/. Acesso em 6 dez. 2018.

_____. **Plano de desenvolvimento, sustentabilidade e promoção da região do Cerrado mineiro 2015/2020**, ca. 2015. Disponível em: https://www.cerradomineiro.org/include/_plano_RCH_2015_2020.pdf. Acesso em: 6 fev.2019.

FERNANDES, J. L. J. O cinema e o ecrã omnipresente nas paisagens e nas territorialidades contemporânea. *In:* CASTRO, F. V.; FERNANDES, J. L. J. (Coord.). **Territórios do cinema**: representações e paisagens da pós-modernidade. Málaga: Eumed, 2016.

Referências

FERNANDEZ, A. UE quer barreira a produtores de queijos e vinhos no Brasil. **Folha de S.Paulo**, 1º fev. 2018. Disponível em: https://www1.folha.uol.com.br/mercado/2018/02/ue-quer-barreira-a-produtores-de-queijos-e-vinhos-no-brasil.shtml. Acesso em: 3 jan. 2019.

GIGANTE de bebidas Codorníu transfere sede da Catalunha. **G1**, 16 out. 2017. Disponível em: https://g1.globo.com/economia/negocios/noticia/gigante-de-bebidas-codorniu-transfere-sede-da-catalunha.ghtml. Acesso em: 3 jan. 2019.

GOMES, P. M. P. L. **Marketing territorial e desenvolvimento**: o futuro das cidades. Avaliação dos planos estratégicos territoriais. Originalmente apresentada como dissertação de mestrado, Universidade de Coimbra, 2014. Disponível em: https://estudogeral.sib.uc.pt/bitstream/10316/28432/1/Tese%20de%20Mestado.pdf. Acesso em: 6 dez. 2018.

GONÇALVES DIAS, A. Canção do exílio. *In*: _____. **Primeiros cantos**. Rio de Janeiro: Eduardo e Henrique Laemmert Eds., 1846.

GRÖNROOS, C. **Marketing**: gerenciamento e serviços. 2. ed. Rio de Janeiro: Elsevier, 2003.

HAESBAERT, R. Identidades territoriais. *In*: ROSENDAHL, Z.; CORRÊA, R. L. (Org.). **Manifestações da cultura no espaço**. Rio de Janeiro: Editora UERJ, 1999.

HARARI, Y. N. **Sapiens**: uma breve história da humanidade. São Paulo: LP&M, 2015.

HOLT, D.; QUELCH, J.; TAYLOR, E. L. How Local Brands Compete. **Harvard Business Review**, New York, n. 82, v. 9, set. 2004, p. 68-74.

HOOLEY, G. J.; SAUNDERS, J. A.; PIERCY, N. F. **Estratégia de marketing e posicionamento competitivo**. 2. ed. São Paulo: Pearson, 2001.

IBGE. **Brasil**: 500 anos de povoamento. Rio de Janeiro: IBGE, 2000.

_____.**Censo 2010**: população indígena é de 896,9 mil, tem 305 etnias e fala 274 idiomas. 10 ago. 2012. Disponível em: https://censo2010.ibge.gov.br/noticias-censo.html?busca=1&id=3&idnoticia=2194&t=censo-2010-populacao-indigena-896-9-mil-tem-305-etnias-fala-274&view=noticia. Acesso em: 28 nov. 2018.

_____. **Dados históricos de censos**. Disponível em: https://ww2.ibge.gov.br/home/estatistica/populacao/censohistorico/1550_1870.shtm. Acesso em: 7 jan. 2019.

IBRAVIN. **Indicações geográficas**. ca. 2013. Disponível em: http://www.ibravin.org.br/Indicacoes-Geograficas. Acesso em: 3 jan. 2019.

INPI. **Guia básico de indicação geográfica**. 30 jul. 2018. Disponível em: http://www.inpi.gov.br/menu-servicos/indicacao-geografica. Acesso em: 8 jan. 2019.

_____. **INPI disponibiliza regulamentos de uso de indicações geográficas**. [S.l.], 15 maio 2018. Disponível em: http://www.inpi.gov.br/noticias/inpi-disponibiliza-regulamentos-de-uso-de-indicacoes-geograficas/view. Acesso em: 6 dez. 2018.

_____. **Mapa das indicações geográficas brasileiras de 2017 é lançado**. [S.l.], 14 set. 2017. Disponível em: http://www.inpi.gov.br/noticias/mapa-das-igs-brasileiras-de-2017-e-lancado. Acesso em: 6 dez. 2018.

_____. **Mapa das indicações geográficas 2018**. Disponível em: ftp://geoftp.ibge.gov.br/cartas_e_mapas/mapas_do_brasil/sociedade_e_economia/indicacoes_geograficas_2018.pdf. Acesso em: 28 nov. 2018.

_____. **Pedidos de indicação geográfica concedidos ou em andamento**. Disponível em: http://www.inpi.gov.br/menu-servicos/indicacao-geografica/pedidos-de-indicacao-geografica-no-brasil. Acesso em: 28 nov. 2017.

INSTITUTO BRASILEIRO DO VINHO. **Site institucional**. Disponível em: http://www.ibravin.org.br/Institucional. Acesso em: 6 dez. 2018.

INVENTARIAÇÃO DE PATRIMÔNIO IMATERIAL. **Direção Geral do Patrimônio Cultural da República Portuguesa**. Disponível em: http://www.patrimoniocultural.gov.pt/pt/patrimonio/patrimonio-imaterial/inventario-nacional-do-pci/. Acesso em: 3 jan. 2019.

INSTITUTO DE PESQUISA DE RELAÇÕES INTERNACIONAIS (IPRI). **As 15 maiores economias do mundo**. [S.l.], 21 jun. 2017. Disponível em: http://www.funag.gov.br/ipri/index.php/o-ipri/47-estatisticas/94-as-15-maiores-economias-do-mundo-em-pib-e-pib-ppp. Acesso em: 6 dez. 2018.

JOHN, L. Sabores da Amazônia inundam cervejas especiais. **Conexão planeta**. [S.l.], 17 nov. 2016. Disponível em: http://conexaoplaneta.com.br/blog/sabores-da-amazonia-inundam-cervejas-especiais/. Acesso em: 6 dez. 2018.

KOTLER, P.; KOTLER, K. L. Marketing Management. 10. ed. São Paulo: Pearson, 2000.

KOTLER, P. **Marketing para o século XXI**: como criar, conquistar e dominar mercados. Birigui: Futura, 1999.

KOTLER, P.; HAIDER, D. H.; REIN, I. **Marketing público**: como atrair investimentos, empresas e turismo para cidades, regiões, estados e países. Revisão técnica: Rogério Raupp Ruschel. São Paulo: Makron Books do Brasil, 1994.

LEVITT, T. **The Marketing Imagination**. New York: The Free Press, 1983.

MALCHER, A. F. **Identidade quilombola e território**, ca. 2007. Disponível em: http://www.observatoriogeograficoamericalatina.org.mx/egal12/Geografiasocioeconomica/Geografiacultural/120.pdf. Acesso em: 9 nov. 2018.

MATRIZPCI. **Site institucional**. Disponível em: http://www.matrizpci.dgpc.pt/matrizpci.web/Apresentacao.aspx. Acesso em: 6 dez. 2018.

MCINTOSH, R. **Tourism**: Principles, Practices, Philosophies. Texas: Grid Inc., 1972. p. 262.

MEDEIROS, M. de L.; HORODYSKI, G. S.; PASSADOR, J. L. Souvenirs gastronômicos na percepção do turista: o caso do queijo minas artesanal do serro. **Revista Brasileira de Pesquisas de Turismo**, São Paulo, v. 11, n. 2, p. 347-364, maio/ago. 2017.

MOURA, C. **História do negro brasileiro**. São Paulo: Ática, 1989.

NAKAGAWA, F. União Europeia quer vetar parmesão e conhaque 'made in Brazil'. **O Estado de S. Paulo**, Brasília, 9 dez. 2017. Disponível em: http://economia.estadao.com.br/noticias/geral,uniao-europeia-quer-vetar-parmesao-e-conhaque-made-in-brazil,70002114306. Acesso em: 6 dez. 2018.

NUNES, E. M. F. **Factores de sucesso em marketing territorial**: desafios de desenvolvimento na região Alentejo. Dissertação (Mestrado em Marketing) – Instituto Superior de Ciências Sociais e Políticas, Universidade de Lisboa, 2011. Disponível em: https://www.repository.utl.pt/handle/10400.5/3535. Acesso em: 6 dez. 2018.

OGILVY, D. **Confissões de um publicitário**. Tradução Luiz Augusto Cama. Rio de Janeiro: Bertrand Brasil, 2011.

OIV. Definition of vitivinicultural "terroir". **Tbilisi**, 25 jun. 2010. Disponível em: http://www.oiv.int/public/medias/379/viti-2010-1-en.pdf. Acesso em: 18 jan. 2019.

PWC. **The Costs and Benefits of World Heritage Site Status in the UK**. Dez. 2007. Disponível em: https://assets.publishing.service.gov.uk/government/uploads/system/uploads/attachment_data/file/78452/PwC_fullreport.pdf. Acesso em: 4 jan. 2019.

QUASE 700 empresas já deixaram Catalunha desde referendo separatista. **O Globo/Agências Internacionais**, 17 out. 2017. Disponível em: https://oglobo.globo.com/mundo/quase-700-empresas-ja-deixaram-catalunha-desde-referendo-separatista-21957575. Acesso em: 3 jan. 2019.

QUELCH, J. A.; JOCZ, K. E. **Todos os negócios são locais**: por que em um mundo global é ainda mais importante ser local. São Paulo: Companhia das Letras, 2014.

RAFFESTIN, C. **Por uma geografia do poder**. Tradução Maria Cecília França. São Paulo: Ática, 1993.

RIES, A.; TROUT. J. **Posicionamento**: a batalha por sua mente. São Paulo: Pioneira, 1981.

RUSCHEL, R. R. 20 belas fotos da natureza, gastronomia e cultura da Georgia, o país onde o vinho nasceu. **In Vino Viajas**, São Paulo, mar. 2017a. Disponível em: http://www.invinoviajas.com/2017/03/cultura-da-georgia/. Acesso em: 6 dez. 2018.

_____. Aldeias vinhateiras de Portugal: veja como os portugueses valorizam o patrimônio cultural, a experiência turística e os ótimos vinhos das pequenas comunidades. **In Vino Viajas**, São Paulo, mar. 2016a. Disponível em: http://www.invinoviajas.com/2016/03/portugal-valoriza-o-patrimonio-cultural/. Acesso em: 5 dez. 2018.

_____. Artistas espanhóis se mobilizam para mostrar que o vinho é parte da cultura e identidade do país: é o Movimiento Vino D.O. **In Vino Viajas**, São Paulo, maio 2017b. Disponível em: http://www.invinoviajas.com/2017/05/artistas-espanhois/. Acesso em: 3 dez. 2018.

_____. Conheça a Polar, a cerveja que só fala gauchês, uma ceva com a cara do Rio Grande que é uma barbaridade de buena! **In Vino Viajas**, São Paulo, abr. 2018a. Disponível em: http://www.invinoviajas.com/2018/04/conheca-a-polar/. Acesso em: 6 dez. 2018.

_____. Conheça a videira com 500 anos da Quinta do Louredo, na rota dos vinhos verdes, Portugal, que resistiu a Napoleão, à filoxera e a duas grandes guerras. **In Vino Viajas**, São Paulo, set. 2015a. Disponível em: http://www.invinoviajas.com/2015/09/conheca-videira--com-500-anos-da-quinta/. Acesso em 6 dez. 2018.

_____. Conheça o CEPAVIN, criado para ajudar a preservar a memória e o patrimônio cultural das comunidades e territórios do vinho no Brasil. **In Vino Viajas**, São Paulo, set. de 2017c. Disponível em: http://www.invinoviajas.com/2017/09/conheca-o-cepavinque-vai-ajudar-a-preservar-a-memoria-e-o-patrimonio-cultural-das-comunidades-e-territorios-do-vinho-no-brasil/. Acesso em: 6 dez. 2018.

_____. Conheça o s, uma estranha fruta da Mata Atlântica que está melhorando a gastronomia, animando comunidades e recuperando territórios. **In Vino Viajas**, São Paulo, abr. 2018b. Disponível em: http://www.invinoviajas.com/2018/04/cambuci/. Acesso em: 6 dez. 2018.

_____. Cooperativa da Vidigueira lança uma preciosidade do Alentejo, Portugal: um vinho de talha de videiras centenárias aprovado por produtores da Georgia. **In Vino Viajas**, São Paulo, fev. 2018c. Disponível em http://www.invinoviajas.com/2018/02/lanca-um-vinho-de-talha/. Acesso em: 6 dez. 2018.

_____. Espanha investe na promoção da Denominação de Origem de seus vinhos para valorizar a identidade e o valor de mercado e ampliar a base de consumo. **In Vino Viajas**, São Paulo, mar. 2018d. Disponível em: http://www.invinoviajas.com/2018/03/espanha-investe/. Acesso em: 6 dez. 2018.

_____. Exclusivo: 20 municípios e 7 entidades apoiam a candidatura do Vinho de Talha do Alentejo a Patrimônio Cultural Imaterial da Humanidade. **In Vino Viajas**, São Paulo, mar. 2018e. Disponível em: http://www.invinoviajas.com/2018/03/exclusivo-concelho-de-vidigueira/. Acesso em: 8 jan. 2019.

_____. Exclusivo: conheça a rede de 59 Pequenas Denominações de Origem (DOs) da Espanha e alguns dos tesouros ocultos em adegas familiares. **In Vino Viajas**, São Paulo, abr. 2018f. Disponível em: http://www.invinoviajas.com/2018/04/exclusivo-conheca-a-rede/. Acesso em: 6 dez. 2018.

_____. Experimentando os sabores da Borgonha e Dijon. **In Vino Viajas**. São Paulo, maio 2012. Disponível em: http://www.invinoviajas.com/2012/05/experimentando-os-sabores-da-borgonha-e/. Acesso em: 6 dez. 2018.

_____. Fazendo storytelling de qualidade, *In Vino Viajas* é o oitavo site de vinhos do Brasil, o maior da America Latina e lidera tendências globais. **In Vino Viajas**, São Paulo, jul. 2015b. Disponível em: http://www.invinoviajas.com/2015/07/fazendo-storytelling-de-qualidade-in/. Acesso em: 5 dez. 2018.

_____. Pesquisa ressuscita o Vinho dos Mortos de Boticas, Portugal, e ajuda a dar vida a um patrimônio comunitário único e divertido, comemorado até no Brasil. **In Vino Viajas**, São Paulo, set. 2017d. Disponível em: http://www.invinoviajas.com/2017/09/vinho-dos-mortos/. Acesso em: 6 dez. 2018.

_____. Prefeito alentejano assume a presidência da Rede Europeia de Cidades do Vinho – RECEVIN. **In Vino Viajas**, São Paulo, abr. 2016b. Disponível em: http://www.invinoviajas.com/2016/04/prefeito-alentejano-assume-presidencia/. Acesso em: 6 dez. 2018.

_____. Produção de filmes no Vale dos Vinhedos valoriza as paisagens e a herança da cultura italiana na serra gaúcha: um brinde a isso! **In Vino Viajas**, São Paulo, abr. 2015c. Disponível em: http://www.invinoviajas.com/2015/04/producao-de-filmes-no-vale-dos-vinhedos/. Acesso em: 6 dez. 2018.

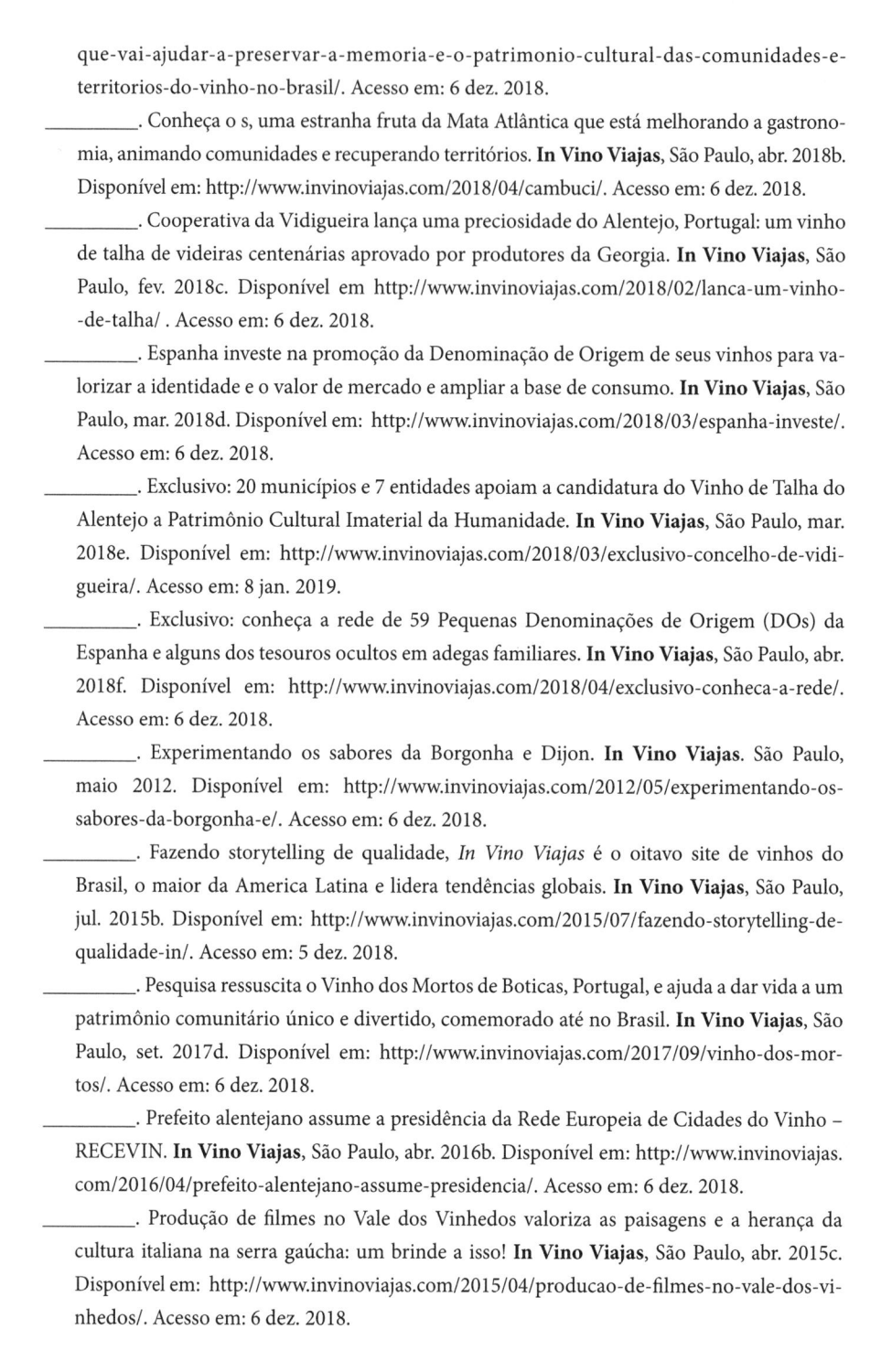

_____. Qvevri: a cultura do vinho da Georgia, passada de pai para filho há 8.000 anos, agora é Patrimônio da Humanidade da Unesco. **In Vino Viajas**, São Paulo, dez. 2013. Disponível em: http://www.invinoviajas.com/2013/12/qvevri-cultura-do-vinho-passada-de-pai/. Acesso em: 6 dez. 2018.

_____. Técnica de 3.000 anos de cultivo de uvas da Ilha Pantelleria, Itália, a "vite ad alberello" agora é Patrimônio Mundial da Humanidade da Unesco. **In Vino Viajas**, São Paulo, dez. 2014a. Disponível em: http://www.invinoviajas.com/2014/12/tecnica-de-3000-anos-de-cultivo-de-uvas/. Acesso em: 6 dez. 2018.

_____. Vacas felizes nos Açores, uma vaca francesa que ri em 136 países e vacas automáticas 24 horas na Suiça: veja como o leite pode ter identidade. **In Vino Viajas**, São Paulo, set. 2017e. Disponível em: http://www.invinoviajas.com/2017/09/vacas-felizes/. Acesso em: 5 dez. 2018.

_____. Veja como a Città del Vino promove o território, a identidade e a excelência para manter os vinhos e o enoturismo da Itália no mapa dos melhores do mundo. **In Vino Viajas**. São Paulo, ago. 2015e. Disponível em: http://www.invinoviajas.com/2015/08/conheca-como-citta-del-vino-promove-o/. Acesso em: 6 dez. 2018.

_____. Vêneto, trentino e toscano: veja como dialetos da Itália se fundiram com o português para criar o talian, um idioma único que canta, brinda e permanece vivo no Brasil. **In Vino Viajas**, São Paulo, out. 2015d. Disponível em: http://invinoviajas.blogspot.com/2015/10/veneto-trentino-e-toscano-veja-como.html. Acesso em: 7 jan. 2019.

_____. Vinhedo francês de 200 anos vira monumento histórico nacional; conheça outras árvores com até 4.800 anos. **In Vino Viajas**. São Paulo, nov. 2014b. Disponível em: http://www.invinoviajas.com/2014/11/vinhedo-frances-de-200-anos-vira/. Acesso em: 6 dez. 2018.

RUSCHEL, R. R.; BEIRÃO, A. P.; MARQUES, M. (Coord.). **O valor do mar:** uma visão integrada dos recursos do oceano do Brasil. São Paulo: Essential Idea Editora, 2018.

SABUR, R.; MILLWARD, D.; CRILLY, R. Royal wedding front pages from around the world: "Two people fell in love and we all showed up". **The Telegraph**, maio 2018. Disponível em: https://www.telegraph.co.uk/news/2018/05/19/transformed-ms-duchess-world-reacted-meghan-harry-tied-knot/. Acesso em: 7 jan. 2019.

SAKR, M. R.; DALLABRIDA, V. R. Produtos de Santa Catarina com identidade territorial. **Revista de Política Agrícola**, ano XXIV, nº 3, p. 102-113, jul./ago./set. 2015.

SALVADO, J. Boticas e o "Vinho dos Mortos": reforçar a identidade cultural do território na experiência de enoturismo. **Revista Brasileira de Pesquisa em Turismo**, São Paulo, v. 11, n. 2, p. 294-319, maio/ago. 2017. Disponível em: http://www.scielo.br/pdf/rbtur/v11n2/pt_1982-6125-rbtur-11-02-00294.pdf. Acesso em: 7 nov. 2018.

SANTANITA, J. C. Lançamento de vinhos. Facebook. **Montemor-o-Novo**, 11 maio 2018. Facebook: Josesantanita. Disponível em: https://www.facebook.com/Josesantanitaface?timeline_context_item_type=intro_card_relationship&timeline_context_item_source=1516696566. Acesso em: 13 nov. 2018.

SLOW FOOD BRASIL. **Perguntas frequentes**. Site institucional, 14 fev. 2012. Disponível em: http://www.slowfoodbrasil.com/. Acesso em: 6 dez. 2018.

TALIAN, a nova língua neolatina. **Serafina Corrêa**, 16 set. 2014. Disponível em: http://www.serafinacorrea.rs.gov.br/site/noticia/?gCdNoticia=3710. Acesso em: 7 jan. 2019.

TRECCANI, G. D. **Terras de quilombo**: caminhos e entraves do processo de titulação. Belém: Secretaria Executiva da Justiça/Programa Raízes, 2006.

UNESCO. **World heritage list,** ca. 2017. Disponível em: http://whc.UNESCO.org/en/list/%7B%7B%7BReferenz-Nr%7D%7D%7D&order=country. Acesso em: 5 dez. 2018.

UNIMINHO. **Site institucional.** 2006. Disponível em: http://uniminho.eu/po/index.html. Acesso em: 6 dez. 2018.

UNWTO Hails Wine Tourism as an Approach to Sustainable Rural Development. **UNWTO**, 11 set. 2018. Disponível em: http://media.unwto.org/press-release/2018-09-10/unwto-hails-wine-tourism-approach-sustainable-rural-development. Acesso em: 8 jan. 2019.

VITICULTURA heroica. **Enogastro**, 4 abr. 2018. Disponível em: https://enogastro.wordpress.com/2018/04/04/viticultura-heroica/. Acesso em: 14 jan. 2019.

WINE AUSTRALIA. **European Community GIs**. 2017. Disponível em: https://www.wineaustralia.com/getmedia/01ace210-274e-44a7-942a-beeaee355358/Wine-Australia-Register-of-EU-Geographical-Indications-2018.pdf. Acesso em: 6 dez. 2018.

WINES OF PORTUGAL. **Categorias de vinho reconhecidas**. [s.d.]. Disponível em: http://www.winesofportugal.com/br/wine-and-grapes/country-blends/. Acesso em: 6 dez. 2018.

WPP. About. Site institucional, ca. 2018. Disponível em: https://www.wpp.com/about/. Acesso em: 8 jan. 2019.